Die Mutter aller Helikoptermütter berichtet
Hochbegabt oder nicht ?

AF194142

Von Gabi Glander

Die Mutter aller Helikoptermütter berichtet

Hochbegabt oder nicht ?

Bibliografische Information der Deutschen Nationalbibliothek: Die Deutsche Nationalbibliothek verzeichnet diese
Publikation in der Deutschen Nationalbibliografie; detail-
lierte bibliografische Daten sind im Internet über
dnb.dnb.de abrufbar.

Herstellung:
BoD – Books on Demand, Norderstedt

ISBN: 978-3-7519-3276-9

Für
I A M

INHALT

Liebe Leser

Willkommen in meinem Bericht für Menschen, die in ihrem Umfeld ein hochbegabtes Kind vermuten.

Erwarten sie bitte keine schriftstellerische Meisterleistung in Form eines spannenden Romans, ich bin weder Dichter noch Denker und auch keine Professorin oder studierte Wissenschaftlerin sondern eine Mutter, die aufschreibt, wie es ihr ergangen ist. Ich wünsche mir aber, dass Sie sich trotzdem schmunzelnd in meine Erlebnisse in Form von literarischer Hausmannskost hineinversetzen können.

IM WARTEZIMMER

Hier sitzen wir nun auf blauen Plastikstühlen und warten.

Wir sitzen in der nach Ying-Yang, Sching-Schong oder wie auch immer eingerichteten Praxis von Frau Doktor H., ihres Zeichens Kinder und Jugend Psychologin und warten auf das Ergebnis eines IQ-Testes. Einen IQ-Test, den wir unsere arme, zwölfjährige Tochter haben machen lassen, um – ja warum eigentlich?

Ich weiß, jetzt geht es schon los. Viele Leser werden denken „Meine Güte – was gibt es doch für selbstverliebte Leute, die meinen, ihr Kind wäre etwas Besonderes und müsse aus diesem Grunde hochbegabt sein, ein Genie, ein Wunderkind." Absolut erwischt. Für mich war und ist meine Tochter etwas ganz Besonderes und Einmaliges. Aber genauso denken und fühlen Millionen andere Eltern vielleiiiiicht auch. Bevor Sie jetzt aber weiterhin denken, was für eine durchgeknallte Übermutter ich bin, wäre es ja eigentlich ein netter Charakterzug von Ihnen, mich erklären zu lassen.

Wenn es Ihnen an dieser Stelle allerdings lieber wäre, das Buch wegzulegen, stattdessen ins nächste Eiscafé zu gehen und einen Latte Macchiato zu genießen, bitte sehr. Es eignet sich eben nicht jeder zur Helikoptermutter.

Wenn Sie trotzdem weiterlesen, möchte ich nachher aber keine Beschwerden hören, ich hätte Sie nicht vorgewarnt!

Alle anderen, die meiner Geschichte ihr wertes Ohr verleihen, werden erfahren, wie es uns ergangen ist und warum wir heute hier im Wartebereich einer psychologischen Praxis sitzen und uns die Zeit mit dem Tüfteln diverser Intelligenzspielchen vertreiben - vergebens versteht sich – naja, ich zumindest. Was hatte mich dazu bewegt, meine Tochter einen solchen Test machen zu lassen? Wie lange hatte ich mich damit herumgequält, mich endlich dazu durchzuringen und zu outen, als Mutter, die glaubt, ihr Kind wäre schlauer als andere Kinder? Trotz aller gut gemeinter Ratschläge „Und warum willst du unbedingt wissen, wie schlau sie ist? Seid doch froh, dass Ihr ein gesundes, glückliches Kind habt."

WAR sie intelligenter als andere Kinder? Vielleicht sollte ich auch lieber meinen eigenen elterlichen Über-Ehrgeiz von einer Psychotante untersuchen lassen, anstatt meine Tochter damit zu belasten. Ich wagte nicht, mit Anderen darüber zu sprechen. Man wurde da sehr leicht in die „Ehrgeizige Über-Mutter" Schublade gesteckt, die ihrem Kind eine Spanische Tagesmutter besorgt, um es gleich zweisprachig aufwachsen zu lassen! Egal wie vorsichtig man sich auch an das Thema herantastete, man wurde immer vorverurteilt. Vielleicht geht es Ihnen ähnlich.

Wir jedenfalls hatten zwölf Jahre gebraucht, um in dieser Praxis zu landen.

DER ANFANG

Zwölf Jahre zuvor, als unsere Tochter Ella geboren wurde, hatten wir ganz andere Sachen im Kopf als zu beobachten, ob sie die Umwelt „schon besonders aufmerksam betrachtete", wie es in einschlägigen Symptom-Listen für Hochbegabte steht, von deren Existenz wir zu jener Zeit auch noch gar nichts wussten. Wir wohnten damals im Ausland und waren, oh grausame Schicksalsfügung, völlig auf uns allein gestellt, ohne Hilfe von Eltern, sonstiger Familie oder guten Freunden, WhatsApp gab es noch nicht und unsere Internetverbindung hatte Schneckengeschwindigkeit. Kurz gesagt, wir waren komplett überlastet mit der ganzen hochkomplizierten Baby-Situation. Trotzdem seiferten wir aber vor Freude mit unserem süßen Baby um die Wette.

Ella fing mit acht Monaten an zu krabbeln und beschloss dann zwei Tage später aufzustehen und sich überall entlang zu hangeln. Mit zehn Monaten hatte sie auch davon aber die Nase gründlich voll und fing an zu laufen. In diesem Zeitraum wird der elterliche Ehrgeiz ja noch nicht mit dem, zu diesem Zeitpunkt auch noch offensichtlich schwer messbaren, IQ des kleinen Welpen gemessen sondern mit dem Datum des ersten Babyschrittes. Die Babys werden genauer beobachtet als Neil Armstrong bei der Mondlandung „Ein kleiner Schritt für den Menschen, ein großer für die Elternheit." Jeder, der also mit stolz geschwellter Brust behaupten kann, einen solch „frühen Läufer" zuhause gehabt zu haben, weiß wovon ich rede. Der Nachteil der frühkindlichen Mondlandung ist die Feststellung, wie viele scharfe Kanten sich in sechzig Zentimeter Kopfhöhe im Durchschnittshaushalt befinden. Und nur, wenn Sie einen kleinen früh-laufenden-Junior-Scherzkeks ausgebrütet haben, wissen Sie, was es für ein Schweinkram ist, in die Toilette gestopfte, ganze Klopapierrollen wieder herauszupulen. Das alles hatte damals wirklich nichts mit hohen Begabungen zu tun. Oma Inga würde sagen: "Keine Zähne im Mund aber LaPaloma pfeifen..."

Als Ella eineinhalb Jahre alt war, zogen wir nach Deutschland zurück. Sie sprach zu dieser Zeit noch nicht viel, vielleicht hatte sie zu viel Deutsch / Englisch Gemisch gehört, legte dann aber schlagartig zu und konnte sich dann sehr schön ausdrücken. Die andere Oma, Oma Else, war begeistert „Meeensch und so deutliche Sätze, genau wie Jensi früher". Jens ist ihr Sohn, mein Mann und kann nach Oma Elses Ansicht wahrscheinlich über Wasser gehen, um ihre Aussage einmal zu relativieren.

13

KINDERGARTEN

Ella kam, aufgrund ihres Geburtsmonates, recht früh, mit zweidreiviertel Jahren in den Kindergarten. Sie war, obwohl sie die Jüngste war, völlig unauffällig in ihrer Kitagruppe, zumindest wurde uns nichts Anderweitiges berichtet, worüber man als Eltern ja heilfroh ist. Wer will denn schon ein sozial,- empathisch,- haptisch,- optisch,- oder sonstisch auffälliges Kind sein Eigen nennen. Das erste Kindergartenjahr verlief also ereignislos, bis auf mein Outing gleich am allerersten Tag. Ich legte mich mit der Erzieherin an, die mir versicherte, dass das Klettergerüst mit dem großen Loch vor der Feuerwehrstange schon ewig dort stünde und noch kein Kind dort in den Abyss des Todes gestürzt wäre. Na ja, zählte das auch für noch besonders kleine zweidreiviertel-jährige Mädchen? Jedenfalls errang ich einen ersten Sieg, indem fortan darauf geachtet wurde, dass meine kleine Ella nicht in die Nähe des gefährlichen Loches am Abgrund kommen würde. Ich errang wohl auch gleichzeitig das Privileg, einen „intensiven" ersten Eindruck bei den Erzieherinnen hinterlassen zu haben.

Es gab also nichts Besonderes aus dieser Zeit zu berichten, es herrschte der ganz normale Wahnsinn. Das einzig „Auffällige", was mir aus dieser Zeit in

Erinnerung blieb, war die Autofahrt, bei der auf einmal von hinten aus dem Kindersitz „Ikea!" erklang. Woraufhin ich natürlich widersprach „Nee Süße, wir fahren nicht zu Ikea" und von hinten kam „Nein, da steht Ikea" und ich mit großem Erstaunen feststellen musste, dass wir in einiger Entfernenung tatsächlich an einem Ikea Werbeschild vorbeigefahren waren. „Ella-Maus, woher weißt du das denn? Ist ja toll." Von hinten kam nur ein Schulterzucken, aber sie bemerkte wohl unser Interesse. Danach kamen in der Folgezeit noch öfter perfekte Werbeansagen von „Real" und anderen markanten Schriftzügen, die uns jedes Mal in Erstaunen versetzten.

Als Ella irgendwann ihr erstes Fahrrad bekam, NATÜRLICH von Lilifee, stieg sie auf und fuhr los – „Oh wie toll, hast du das auch aufgenommen?" Jens hoffte natürlich ihr seine Mega-Sportler- Gene vererbt zu haben. Far from it, wie wir später noch feststellen sollten, eher die Couch-Potato-Gene der Oma.

Mit ungefähr viereinhalb Jahren fing es an, dass sich etwas abzeichnete, was uns aber auch erst in Erinnerung kam, als wir uns Jahre später mit dem ganzen Thema beschäftigten. Sie war mit einem ein Jahr älteren Mädchen aus ihrer Kitagruppe befreundet. Dieses andere Mädchen, Ina, und ihr kleiner Bruder, verbrachten die Wochenenden oft bei ihren Großeltern, damit die Eltern mehr Zeit für sich oder Facebook oder andere extrem wichtige Dinge hatten, so genau hat sich mir das nie erschlossen. Ihr Opa war nun anscheinend ein sehr ehrgeiziger Mann, der Ina nicht nur fast ausschließlich mit Nüssen ernährte, die ja „gut für das Gehirn sind", sondern auch jemand, der sich vorgenommen hatte, ihr schon das Schreiben beizubringen. Daraufhin bekam Ella nicht nur kübelweise Nüsse von mir, sondern sah auch beim täglichen Spielen mit Ina, wie diese sich im Schreiben versuchte. Sie wusste auch, dass Ina schon mehrere Buchstaben von ihrem Opa gelernt hatte. Ab da wurde Ellas eigene Oma Inga von ihr zur Lehrerin befördert. Oma und Opa waren oft bei uns und jedes Mal musste Oma Inga mit Ella „Schule spielen". „Oma du bist jetzt die Lehrerin und sagst mir, was ich in mein Heft schreiben soll, ok?" Und Oma spielte mit einer solchen Inbrunst die Lehrerin, dass man das Gefühl hatte, sie hätte ihr ganzes Leben lang nichts anderes getan. Über den riesigen Spaß, den die beiden dabei hatten, freute ich mich jedes Mal, auch wenn Oma doch etwas antiquierte Lehrmethoden bei „Fräulein Ella" an den Tag legte. Trotzdem lernte Ella als erstes die Buchstaben O M A und auch M A M A und später auch noch O P A und P A P A zu schreiben. Sie

kritzelte mit Begeisterung unter Omas „Diktatur"
ganze Seiten voll. Da sie solches Interesse an Buchstaben hatte, holte ich das Puzzle hervor, welches
ich zuuufällig schon vor Ewigkeiten gekauft hatte.
Es war ein Holzpuzzle, die einzelnen Teile waren
handgroß, hatten jeweils einen Buchstaben in Groß-
und Kleinschreibung darauf abgebildet und gleichzeitig noch das Bild eines Gegenstandes mit dem
gleichen Anfangsbuchstaben. Diese Puzzleteile
passten nur in einer bestimmten Reihenfolge anei-
nander und zwar in alphabetischer Reihenfolge. Das
Puzzle zusammenzustecken ging bei Ella ratzfatz.
Dann kamen die Bilder und Buchstaben dran, auf
denen sie sehen konnte, dass das Bild eines Apfels
mit dem Buchstaben A anfing, Bus mit B, ein Clown
mit C und so weiter. Ich sang ihr dazu das ABC in
einer beschwingten Volksmelodie vor - Helene wäre
blass vor Neid geworden - und Ella, die die Melo-
die kannte, lernte so an einem einzigen Nachmittag
das Alphabet aufzusagen bzw. zu singen. So kann
man auch mit kleinen Sachen der Mama große
Freude machen.
Etwa um diese Zeit schlug das Schicksal noch einmal zu und gab uns eine tolle Möglichkeit, wir
würden noch einmal für zwei Jahre ins Ausland
ziehen. Familie und Freunde blieben wieder in
Deutschland zurück und wir zogen im Frühling los

in die Ferne. Dort angekommen, Kind und Kegel ausgepackt, fanden wir für Ella nicht sofort einen Kindergartenplatz in der dortigen Deutschen Internationalen Schule. So musste sie für ein halbes Jahr einfach bei mir zuhause bleiben. Diese Zeit würde ich nun meine Helikoptermutter Grundausbildung nennen. Ich hatte leider nur eine Rekrutin, denn Nachbarskinder gab es nicht und sonst kannten wir auch noch niemanden dort. Da läuft man als vorbildliche Mutter natürlich zu kreativer Hochform auf. Während dieser Zeit las ich Ella also auch viel vor. Es gab dort, Gott sei Dank, den größten Buchladen, in dem ich je war und zwar dort auch eine Abteilung für deutsche Bücher und auch deutsche Kinderbücher. Zu horrenden Preisen versteht sich, aber was tut man nicht alles. Ich hatte also immer ein paar neue Bücher oder auch Hör CDs auf Vorrat gehortet, die ich dann zu passender Zeit hervorholte. Wie, Sie kennen nicht die erste Regel für die ehrgeizige Übermutter, immer genug Lesestoff im Hause haben, auch wenn der Nachwuchs noch gar nicht lesen kann? Jetzt sagen Sie nicht, Sie hätten für ihr Neugeborenes noch keinen Mitgliedsausweis der Jugendbücherei besorgt? Eines dieser Bücher also, ein „Bücherbär" für allererstes Lesen, über einen kleinen Piraten, fiel Ella nun in die Hände, ohne dass ich ihr daraus schon vorgelesen hätte. Ich werde nie die Situation vergessen und hätte zu gerne einmal mein dummes Gesicht gesehen, als Ella mir verkündete, sie hätte das Buch schon alleine gelesen! (.....ja, nee, is klar....) „Ach du hast das schon ohne mich gelesen? „ Ja hab ich!" „Na dann erzähl doch mal, was darin vorkommt?" „Also der kleine Pirat heißt Linus und der....." fing sie an und erzählte mir die Geschichte schneller, als ich sie auf dem Klappentext scannen konnte. Ich war baff, anders kann ich es nicht bezeichnen. Ich stellte ihr auch noch einige weitere Fragen zu dem Buch, die sie alle beantworten konnte. Zu dieser Zeit, war ich das erste Mal etwas stolz auf meine Tochter, weil sie in meinen Augen, etwas Tolles geschafft hatte.

Sie hatte sich, völlig unbemerkt von ihrer Helikoptermutter, das Lesen selber beigebracht!

HAMMER!

Da sie nun lesen konnte, quoll auch das Schreiben „man nur so aus ihr raus", wie Oma Else sagen würde. So manches Mal, als ich nach oben in ihr Zimmer ging, hingen an ihrer Tür selbstgemalte Bilder mit Aufschriften wie „PUPENTEATA". Na, seien Sie doch mal ehrlich, das ist der Superlativ der kreativen Art und jedes Mutterherz schreit auf vor Stolz.

Da sie im Herbst Geburtstag hat, wäre sie für die Schule ein „Kann-Kind" gewesen, aber wir wollten sie nicht so kurz nachdem wir sie aus ihrer gewohnten Umgebung in Deutschland gerissen hatten einschulen, noch dazu in einem fremden Land mit fremder Sprache. Sie sollte zuerst die Gelegenheit haben, sich dort noch mit ihrem letzten Kindergartenjahr einzugewöhnen, nachdem dort endlich im Herbst ein Platz frei war. Der Erfolgsdruck in der Kita ist, verglichen mit dem in der heutigen Grundschule, wie boxen mit rosafarbenen Wattebäuschen und das sollte sie noch etwas weiter genießen. Es dauerte dann nicht lange und auch die Erzieherinnen merkten „Die kann ja schon lesen!". „Jaaahaa", erzähle ich mit stolz geschwellter Brust „und sie hat es sich sogar selber beigebracht." Dieser, meiner Meinung nach monumentalen, Tatsache wurde seitens der blöden Kindergartentanten keinerlei Beachtung geschenkt, weswegen ich echt enttäuscht war und es fortan nie wieder jemandem erzählte und auch selber fast verdrängte bzw. nicht wahrhaben wollte. Wenn ich jetzt im Rückblick darüber nachdenke muss ich zugeben, dass die Erzieherinnen wahrscheinlich sehr oft die wahnwitzigsten Geschichten von übereifrigen Eltern über deren mit nahezu überirdischen Superkräften begabte Wunderkinder hören. Ich selbst kann es hier und wahrhaftig bezeugen dass ich solche Eltern kennengelernt habe, massenhaft, mich eingeschlossen. Und ich war wohl nur eine weitere nervige Mama eines achso tollen kleinen Genies. Aufgrund der mageren Reaktion der Erzieherinnen flachte meine Freude auch ganz schnell wieder ab und ich dachte nicht mehr weiter darüber nach, ob meine Tochter nun etwas Tolles geleistet hatte oder nicht.

GRUNDSCHULE
ERSTE UND ZWEITE KLASSE

Ein Jahr später wurde Ella dann also endlich einge-schult. Mit der glitzerndsten und größten Schultüte, die ich in diesem schultütenfremden Land selber basteln konnte. Was Ellas Schultüte wirklich von den Anderen unterschied war das Buch, welches als Geschenk darin war, Harry Potter Teil Eins. Ich glaube, nicht viele Erstklässler lesen schon selber (!) Harry Potter. Sie allerdings erledigte dies innerhalb von zwei Wochen. Alle dreihundertfünfunddreißig Seiten! Zu Weihnachten gab es Harry Potter Teil Zwei, zu Ostern Teil Drei, zum Ende des ersten Schuljahres dann Teil Vier und so weiter („…geht ja langsam ins Geld!", wie Oma Else sagte).

Nach drei Monaten in der ersten Klasse bekamen wir einen Brief ihrer Klassenlehrerin Frau D., die uns um einen Gesprächstermin bat. Mit gemischten Gefühlen erschienen wir zu diesem Termin. Hof-fentlich war Ella nicht unangenehm aufgefallen, vielleicht war sie zu faul? Vielleicht war sie nicht ordentlich mit ihren Sachen – dabei sortierte sie ihre Hör CDs in ihrem Regal doch immer so schön der Reihe nach. Auch nach einer kurzen telefonischen Nachfrage wollte Frau D. nicht mit dem Grund des Gespräches herausrücken. Sie würde uns dies lieber persönlich erzählen, wurde mir gesagt. Auweia, das musste ja schlimmer sein, als wir dachten. Hatte Ella etwa geflucht, gespuckt, gekratzt oder war es etwas noch schlimmeres? Es konnte ja nur etwas sein, das mit sozialer Kompetenz zu tun hatte, sozusagen die Feststellung, dass das Kind ein asoziales Element wäre. Welcher Pädagoge würde nur wegen schulischer Leistungen mit Eltern sprechen wollen, wo kämen wir denn da hin? Nein, nein es musste heutzutage mindestens eine sozial belastende Aussage eines Schülers sein, am besten noch gepaart mit einem rassistischen Ausspruch, etwa „Du bist ja behindert Digga, gib mir sofort meinen Negerkuss zurück", um ein Elterngespräch zu veranlassen. Oder haben Sie es schon einmal geschafft, als ganz normale Helikoptermutter einen Gesprächstermin für den Elternsprechtag zu ergattern? Ich jedenfalls bis zum heutigen Tage noch nicht, doch darüber später mehr. Wir machten uns also gründlich Sorgen über die soziale Entwicklung unserer Tochter und wurden somit auch komplett überrumpelt von Frau D., gleich nach der Begrüßung. „Ja, schön dass Sie gekommen sind. Der Grund unseres Treffens ist nämlich folgender: Ich möchte Ihnen vorschlagen, dass Ella die erste Klasse überspringt." Uff, dieser Satz katapultierte uns aus unserem emotionalen Abgrund hoch in den Olymp

23

elterlicher Eitelkeit. Ich starrte Frau D. sprachlos an. Mein Mann auch. Das kam überraschend. Ella würde jetzt „Krass!" sagen. Frau D. erzählte uns, dass sie Ella eigentlich bis zum Ende des ersten Schuljahres nichts mehr beibringe könne, „Sie kann ja schon alles". Und was sie noch nicht könne, würde Ella, der Meinung von Frau D. nach, leicht aufholen. Auf meinen lahmen Einwand, ich wüsste nicht ob Ella es denn emotional verkraften würde, in eine höhere Klasse zu gehen, hatte Frau D. auch schon die passende Antwort. Sie hatte nämlich, in vorauseilendem Gehorsam (wie Jens es nennen würde), die Schulpsychologin beauftragt, unsere Tochter zu beurteilen, was diese auch getan hatte. Zwei Tage lang war unsere Tochter, ohne unser Wissen, von dieser Schulpsychologin genauestens unter die Lupe genommen worden, befragt worden und dann für emotional stabil genug befunden worden, wie eine importierte Banane, die in die EU-Schablone passen muss. Du meine Güte, was sollte man denn da als Eltern noch sagen. Wir fühlten uns sehr geschmeichelt, Oma Inga würde sagen „gebumsfidelt", aber auch überrumpelt und baten um Bedenkzeit bis nach Weihnachten und verabschiedeten uns.

Zurück daheim wurde, nachdem wir fertig mit Jubeln und uns gegenseitig-auf-die-Schulter-Klopfen waren, die ganze Sache erstmal ausgiebig diskutiert. Bei mir ließ die anfängliche Euphorie schnell nach und ich fühlte mich nicht wohl bei dem Gedanken. Wir diskutierten lange darüber, ob Ella überspringen sollte, wollten aber noch keine endgültige Entscheidung treffen, bevor wir nicht mit der Familie darüber gesprochen hatten. Wir verbrachten nämlich Weihnachten in unserem Haus in Deutschland und feierten mit der Familie, der wir bei dieser Gelegenheit von der ganzen Sache erzählten. Ich hatte mich zu diesem Zeitpunkt allerdings schon entschieden, dass ich Ella nicht springen lassen wollte und meinen Mann konnte ich auch leicht überzeugen, der Rest der Familie stimmte auch zu. Ich wollte hauptsächlich nicht, dass Ella dann die Jüngste in der Klasse wäre, was ich besonders während der Pubertät als problematisch empfunden hätte, von wegen „Busen kriegen" und wer-als-erstes-knutscht usw. Außerdem fragte ich mich, warum Ella denn überspringen und in der höheren Klasse nur durchschnittliche Leistungen bringen sollte, wo sie doch in ihrer jetzigen Klasse ohne Anstrengung sozusagen der Lokalmatador war. Warum ihr das Leben unnötig schwer machen, war meine Devise, ganz uncharakteristisch für eine Mutter von meinem Kaliber. Ob Ella eigentlich klüger sein könnte als andere Kinder, fragten wir uns gar nicht erst, wir waren zum damaligen Zeitpunkt einfach nur froh, dass es in der Schule gut funktionierte. „Lääääuft!" Das hätte mir auch noch gefehlt, wenn ich mit ihr genauso lange hätte lesen üben müssen, wie meine Mutter angeblich früher mit mir. Ella ging einfach gerne zur Schule, hatte null Probleme dort und stöhnte auch nie über die Hausaufgaben. Ich konnte nie verstehen, warum sich die anderen Mütter über die angeblich vielen und schwierigen Hausaufgaben beschwerten, wie arrogant von mir.

Als wir nach Weihnachten wieder mit Frau D. sprachen und ihr mitteilten, dass wir Ella nicht überspringen lassen wollten, staunte diese nicht schlecht. Sie hatte fest damit gerechnet, dass wir Ella in die höhere Klasse geben würden. Schließlich musste sie sich aber unseren Argumenten und Wünschen beugen, wir bezahlten dort nämlich Schulgeld, da war der Kunde noch König.

Letztendlich erwies es sich aber als kluge Entscheidung Ella dort zu lassen wo sie war, denn zwei Monate später entschieden wir uns kurzentschlossen, den Arbeitsvertrag meines Mannes dort nicht verlängern zu lassen und kehrten dann im Februar nach Deutschland zurück. Da diese Rückkehr nun mitten im Schuljahr stattfand, war es doch sehr gut gewesen, dass Ella sich nicht innerhalb von zwei Monaten zweimal in eine neue Klasse eingewöhnen musste. Es war genug, dass sie schon wieder ihr damaliges gewohntes Umfeld verlassen musste. Es war für sie schon das vierte Mal, dass sie wie ein Radieschen im Frühbeet umgepflanzt wurde von ihren sich als supercoole Weltenbummler fühlende Eltern.

In ihrer neuen Klasse in Deutschland wurde sie erst einmal herzlich aufgenommen von der Lehrerin und auch von den anderen Kindern. Wir konnte es uns nicht verkneifen, ihrer neuen Klassenlehrerin Frau K. auch sofort brühwarm mitzuteilen, dass Ella eigentliche die erste Klasse hätte überspringen sollen, wir aber dagegen gewesen waren. Nur um auf Nummer Sicher zu gehen und die neue Lehrerin gleich mal einzuordnen. Nicht kleckern sondern klotzen - oha welch übler Charakterzug. Ich sah dort in der Grundschule dann das erste Mal, dass einzelne Kinder draußen auf dem Flur an Tischen saßen und ihre Schreibarbeiten erledigten. Ich fragte mich entsetzt, welche Freveltaten die kleinen Monster denn begangen hatten, um so bestraft zu werden. Auf meine leise Nachfrage erklärte mir Frau K. dass diese Kinder nur schneller wären als die Anderen und deswegen getrennt säßen. Ich fand das grässlich. Für seine gute Arbeit nach draußen geschickt zu werden, um alleine im Flur zu sitzen und nichts von dem ganzen Spaß und Gequatsche in der

27

Klasse mitzubekommen. Also trat ich, auch bei der neuen Lehrerin, erstmal gründlich ins Fettnäpfchen, das ist nämlich meine Spezialität. Ich trage quasi das Fettnäpfchen wie an einer Angelrute vor mir her, sodass ich bei Bedarf jederzeit reintreten kann. Ich bat also Frau K., ein und für alle Mal, Ella keine „Extrawurst" zu geben und sie bitte im Klassenraum bei den Anderen sitzen zu lassen und ihr auch sonst keine besondere Behandlung zuteilwerden zu lassen. An diesen Wunsch hielt sich Frau K. auch gewissenhaft für die restlichen Grundschuljahre.

Während der Grundschulzeit entwickelte sich bei Ella eine ganz besonders außergewöhnliche Neigung, ja ein geradezu verwunderliches Interesse für..... Fernsehen! Ach nee. Wir konnten das Kind kaum vom Fernseher wegbekommen. Deswegen mussten wir die Zeit vor der Glotze schließlich eingrenzen. Sie durfte nach dem Abendessen eine Stunde schauen bis zum Sandmännchen. Diese Zeiten wurden von ihr auch penibelst genau eingehalten, egal wo wir waren oder was wir machten. Die einzige Ausnahme war Heiligabend. Da wurde nämlich nur bis 18.30 geschaut, „Sonst verpasst du noch den Weihnachtsmann!" Jedes Mal, wenn sie ein Jahr älter wurde, durfte sie ein bisschen länger schauen, da die Serien für „Ältere" erst nach dem Sandmännchen anfingen. Als sie dann täglich bei eineinhalb Stunden angelangt war, sprach ich ein Machtwort und beendete das progressive TV-Schauen. Sie war ja immer sehr gut in der Schule, deswegen konnten wir ihr noch nicht Mal mit dem, an uns als Kindern erprobten Spruch kommen, dass zu viel Fernsehen dumm machen würde, weil sie selber das lebende Gegenbeispiel war. Es war also nicht einfach, den TV-Konsum einzuschränken, bzw. abzustoppen aber durch endlose Diskussionen mit viel Gezeter wurde die TV Zeit seitdem um viertel vor acht beendet.

Im zweiten Schuljahr hatte sie immer noch keinerlei Probleme in der Schule. Sie duellierte sich in Mathe immer mit einem Jungen aus der Klasse, den sie vom Mathe-Thron gestoßen hatte und der deswegen nicht so gut auf sie zu sprechen war. Er galt, bevor Ella in die Klasse kam, dort als Mathe-Genie, der Guru der Grundrechenarten sozusagen. Dann kam Ella und war genauso gut wie er. Dumm gelaufen für ihn. Also fochten die beiden regelmäßige Kämpfe beim Eckenrechnen aus, sehr zum Amüsement von Frau K. Etwas anderes, was mir irgendwann auffiel, mich allerdings durchaus nicht amüsierte war, dass Ella in Mathe oftmals versuchte eine Art System zu finden, nach dem sie vorgehen konnte. Wenn als Antworten bei den ersten drei Aufgaben eines Blockes z.B. jeweils 2, 4, 6 als Ergebnis rauskamen, so schaute sie sich die restlichen Aufgaben gar nicht mehr an, sondern schrieb gleich als Ergebnisse 8, 10, 12 hin. Das ging eine Weile so, bis es mir auffiel, weil die Leute vom Verlag des blöden Rechenbuches sich gemeinerweise entschlossen hatten nicht zwei, sondern drei dazu zu addieren und Ellas Ergebnisse des ganzen nächsten Blockes je um eins falsch waren. Klarer Fall von dumm gelaufen für Ella. Es bedurfte wieder einer elterlichen fünfzehnminütigen Ansprache, um ihr begreiflich zu machen, dass es doch durchaus von Vorteil sein könnte, die Matheaufgaben zuerst zu LESEN, bevor man sie löste. Für diese ausführliche Rede erhielt ich natürlich nur ein Augenrollen, aber danach ließ sie sich herab, die Aufgaben vor dem Ausrechnen tatsächlich erst einmal durchzulesen. In Mathe hatte sie, außer dieser kleinen Anekdote, nie Probleme, was man sich mal vorstellen muss. Sie hat mich im Fach Mathe, bis heute, also in sieben Schuljahren, nur ein einziges Mal um Rat gefragt und dabei handelte es sich auch um eine selten dämlich formulierte Textaufgabe, die auch ich nicht beantworten konnte. Allerdings hatte Ella aber auch nur selten in Mathe-Klassenarbeiten Null Fehler, weil sie immer noch auf „Systemsuche" Flüchtigkeitsfehler machte. Zum Stichwort Flüchtigkeitsfehler stimmen natürlich 90 Prozent aller Eltern in das Klagelied ein: „Nee mein Sohn, der ist eigentlich super gut in Mathe, der macht nur immer in den Arbeiten Flüchtigkeitsfehler - der macht das zuhause bei den Hausaufgaben mit mir immer alles richtig..." Bei Ella war es mit der Mathematik so wie bei mir mit dem Bügeln. Ich liebe es nicht und ich würde im Leben nie auf die Idee kommen es freiwillig zu machen, aber wenn ich dann mal dabei bin, geht es mir flott von der Hand. Aber als Bügel-Genie würde ich mich deswegen aber nun wirklich nicht bezeichnen.

Noch besser als in Mathe war Ella in Deutsch. Sie schrieb, auch in der Grundschule schon, die wunderbarsten Aufsätze und Geschichten. Nicht fantasievoller als andere Kinder, sondern einfach nur grammatikalisch verblüffend richtig und äußerst elegant formuliert in der Wortwahl. Nee, nee, ich maße mir nicht an zu glauben, sie hätte in dieser Richtung irgendetwas von mir geerbt, nur weil ich mir einbilde, ich wäre eine Buchautorin. Ich schreibe meistens geradeso, wie es mir in den Sinn kommt, wie man sieht, frei nach Schnauze sozusagen. Sie hingegen hatte sich eine schöne, elegante Ausdrucksweise angeeignet. Ich dachte immer, das wäre ihrem Konsum von Fünf Freunde Büchern zuzuschreiben. Sie besitzt an die vierzig Fünf Freunde Bücher (ja, das geht langsam in's Geld) und hat diese selbstverständlich auch alle mehrmals gelesen. Dazu hat sie außerdem ungezählte Fünf Freunde Hör CDs gehört und zwar über viele Jahre hinweg jeden Abend vor dem Einschlafen. Auch tagsüber hörte sie diese Geschichten beim Legospielen und teilweise hörte sie sogar Geschichten während sie Bücher las. Ich hätte eine Hirn-Explosion bekommen, aber sie fühlte sich wohl. In diesen Fünf Freunde Büchern schreibt Enid Blyton nun in so netter, eleganter und höflicher Form, dass es wohl auf Ella abgefärbt hat. Dachte ich zu der Zeit jedenfalls.

Schulisch hatte sie keine Probleme. Was mir zu denken gab war, dass sie sich oft einmischte, wenn andere Kinder stritten, versuchte sie zu schlichten, wobei sie nicht selten den Kürzeren zog und am Schluss die Anderen gegen sich hatte. Tja, wie das Sprichwort schon sagt: „Wenn zwei sich streiten freut sich der Dritte" und nicht etwa „mischt sich der Dritte ein." Außerdem fand sie ständig dieses oder jenes ungerecht und empörte sich über alles. Besonders unfair empfand sie es, wenn Andere gehänselt wurden und sie war immer auf der Seite der Schwächeren. Ich sagte damals immer im Spaß zu ihr, dass sie später bestimmt einmal Richterin werden würde, bei dem ausgeprägten Gerechtigkeitssinn, den sie hatte, die junge Justizia sozusa-

gen. Als sie Anfang der zweiten Klasse zur Klassen-
sprecherin gewählt wurde, wagte ich sogar mir
einzubilden, dass die Kinder sie aufgrund dessen
gewählt hatten. Das war die ehrenhafte Version.
Der Wahrheit viel näher kam wohl, dass sich die
jungen Wähler eine Einladung zur Geburtstagsparty
oder ähnliches erhofften. Eben ganz wie im echten
Leben.

GRUNDSCHULE
DRITTE UND VIERTE KLASSE

Im dritten Schuljahr bekamen die Kinder nun also das erste Mal Zeugnisnoten und ich wollte den vorher angekündigten Elternsprechtag nutzen, um mit der Sachkunde Lehrerin zu sprechen, die ich noch nicht kennengelernt hatte, um herauszufinden, wie bzw. wo Ella in dem Fach stand. In der Klassenarbeit hatte sie eine Eins geschrieben, aber das sagte ja noch nichts über ihre mündliche Mitarbeit aus. Sachkunde war, zusammen mit Deutsch und Mathe, meiner Meinung nach, ein Hauptfach. Also schrieb ich meinen Terminwunsch auf den Elternsprechtagsanmeldezettel. Als ich dann am Sprechtag das Klassenzimmer betrat, in dem Frau von W. wartete und mich ihr vorstellte, wurde ich von ihr ungemein charmant mit den Worten „Ach, sie wollen sich wohl bestätigen lassen!?", begrüßt. Das saß! Ich fühlte, wie mir das Blut vor Scham ins Gesicht stieg. So sahen es also die Lehrer, wenn Eltern von Kindern mit guten Noten zum Sprechtag kamen? Ihre extrem unangenehme Begrüßung brachte mich ziemlich aus dem Konzept. Hatte ich nicht das gleiche Recht, mit ihr zu sprechen wie Eltern von Kindern die Schwierigkeiten in der Schule hatten? Die restlichen ganzen zwei Minuten des Gespräches verliefen in sehr unangenehmer Atmosphäre und die Dame war mir seitdem, verständlicherweise, zutiefst zuwider.

Um diese Zeit hörte ich das erste Mal davon, dass in der Schule eine Mathe Olympiade stattfand. Das Wort zog mich natürlich magisch an. Bei uns früher gab es solche Veranstaltungen noch nicht und ich war neugierig, was es damit auf sich hatte. Ella erzählte mir, dass sie und noch zwei andere Kinder nach der ersten Vorrunde von der Klassenlehrerin ausgesucht worden waren, um weiter daran teilzunehmen. Die Tatsache allein, dass Ella ausgesucht worden war und an dem Wettbewerb teilnehmen durfte, freute uns damals schon ganz enorm und machte Ella auch sehr stolz. Der Wettbewerb ging dann in die nächste Runde, die Ella dann als einzige ihrer gesamten Schule erreichte. Meeega! War das nun eine saubere Leistung von Ella oder eher ein Armutszeugnis für die Schule? Jedenfalls gewann sie einen der Dritten Plätze in der Mathematik-Olympiade. Als Präsent bekam sie eine Urkunde und ein Geodreieck mit dem offiziellen MO Symbol darauf geschenkt. Dieses Geodreieck wird noch heute von ihr in Ehren gehalten.

In diesem Schuljahr fingen die Schwierigkeiten an. Ella war zu gut. Das konnten einige der Kinder nicht verstehen. Oder vielleicht deren Eltern. Das leise Flap Flap Flap meiner Rotorblätter wurde langsam lauter. Nach dem Halbjahreszeugnis, in dem sie das erste Mal richtige Zensuren bekommen hatten, verbot ich ihr, ihr Zeugnis oder auch überhaupt jegliche Zensuren von Klassenarbeiten den anderen Kindern zu zeigen. Sie hatte in Sport eine Zwei (...kein Sportler Gen vom Papa...) und sonst nur Einsen. Das war anscheinend zu viel des Guten für die Leute. Sie bekam Sätze wie „Och Ella, du gibst aber an mit deinen Einsen" und auch noch „verwöhnte Göre" zu hören. Verwöhnte Göre findet sich, meines Wissens nach, gar nicht mehr im Wortschatz der heutigen Kids wieder und wurde wohl eher von den Eltern verwendet, die anscheinend über Ella geredet hatten. Daraufhin zeigte sie für den Rest des Schuljahres keinem mehr irgendeine Zensur. Sie hat nie mit ihren Noten angegeben, sie wollte auch die anderen Kinder nie unnötig verletzen oder enttäuschen. Natürlich freute sie sich über die Einsen, die sie schrieb, wer würde das nicht? Das dritte Schuljahr lief gut weiter. Wenn sie Klassenarbeiten zurückbekam, schaute sie nur ganz kurz drauf und steckte sie sofort weg. Auf die immer neugierigen Fragen „Ella wie ist denn deine Arbeit?", antwortete sie immer ausweichend: „Gut, und deine?" Dann packte sie die Arbeiten erst zuhause aus und wir freuten uns gemeinsam über die tollen Noten. Ich versprach ihr damals für jede Eins in einer Klassenarbeit einen Euro Belohnung und für drei Einser hintereinander gab es einen Eisbecher im Eiscafé. Mir war bewusst, wie widersprüchlich finanzielle Belohnungen für Schulnoten beurteilt werden. Aber das Geld interessierte sie nicht wirklich, da sie noch keinen großen Bezug dazu hatte. Anders war es mit den Eisbechern. Das war die wahre Währung! Mit dieser Währung wird Ella übrigens bis heute noch für gute Noten bezahlt. Inzwischen haben wir diesen Insider, falls sie später mal zu dick werden würde und sie ihr Übergewicht erklären müsse, solle sie sagen, es käme daher, dass sie zu schlau sei. Am Ende der dritten Klasse hatte sie wieder ein Einser Zeugnis und Frau K. flüsterte ihr heimlich ins Ohr, dass sie Jahrgangsbeste wäre. Das gab mir dann aber doch zu denken und mein Triebwerk lief wieder langsam warm. Was bildeten sich die anderen Leute eigentlich ein, meiner Tochter durch ihren völlig unangebrachten Neid die Freude am Lernen zu verderben? Wo kämen wir denn da hin, wenn man sich für gute Leistungen schämen musste? Durch das Verstecken ihrer guten Noten wurde Ella ja praktisch beigebracht, sie müsse sich dafür schämen, gut in der Schule zu sein. Völlig falsche Welt. Jedes Kind, welches heutzutage eine Lernschwäche oder Probleme mit schulischen

Leistungen hat, wird von vorne bis hinten gefördert und jeder, mit einer auch nur halbwegs akzeptablen Note, gelobt. Warum galt das Gleiche nicht für Ella? Ich hatte das Gefühl, Ella aus einem Sumpf aus Neid und Missgunst herausziehen zu müssen. Flap, Flap, Flap...

Im vierten Schuljahr ging alles genauso weiter. Die Kinder mochten sie und spielten auch ganz normal mit ihr, aber sobald es mit ihren guten Zensuren zu tun hatte, kamen von manchen Kindern miese Worte, die meistens durch die Wortwahl alleine schon eigentlich nicht von den Kindern selbst stammen konnten, sondern wohl einfach nur wiedergaben, was zuhause geredet wurde. Der Einzige, bei dem sich Ella nicht verstellen musste, war der kleine Niklas, der in diesem Schuljahr neu dazugekommen war, weil er die dritte Klasse übersprungen hatte. Sie erzählte mir damals, dass sie mit ihm über „andere" Sachen reden konnte, als mit den anderen Kindern. Jachaha der ist ja auch so ein kleiner Schlaumeier meinte ich nur und maß dem keine weitere Bedeutung bei.

Nach dem nächsten super Zeugnis fing ich das erste Mal an, mir Gedanken zu machen. Warum war sie eigentlich so gut in der Schule? Ich wusste ja, welche Noten ich selber früher hatte. Als meine

Eltern nach der vierten Klasse mit meiner sehr alten Lehrerin darüber gesprochen hatten, ob ich denn auf das Gymnasium wechseln könnte, wurde ihnen von der wirklich garstigen, alten Hexe (sie schlug uns noch mit dem Rohrstock!) nahegelegt, davon abzusehen. Ich wäre ja „zu zart" für die höhere Schule. Wahrscheinlich meinte sie wohl, mein Hirn sei zu mager für das Gymnasium? Damals wurden ja grammatikalische Fehler auch noch nicht als kulturelle Vielfalt gerechtfertigt. Zu meiner Verteidigung möchte ich anfügen, dass ich dann während der Orientierungsstufe aufholte und im besten Drittel der Klasse lag. Das hatte eventuell und im weitesten Sinne vielleicht mit der Tatsache zu tun, dass wir nicht mehr die alte Hexe, sondern eine neue Lehrerin hatten. Diese beurteilte uns Kinder tatsächlich nach unseren eigenen Leistungen und nicht danach, welchen Beruf unsere Väter hatten, wie es bei der Alten üblich war. Ich durfte dann also zur siebten Klasse doch auf das Gymnasium wechseln. Leider war ich dann aber in den folgenden Jahren nur im unteren Leistungsdrittel und am Unterricht, ausser in Physik, überhaupt nicht interessiert, was sich in den Noten niederschlug. Dafür hatte ich aber alle Texte von Pink Floyd, Deep Purple und allen möglichen anderen Musikstücken aus dem Englischen übersetzt und zwar ganz ohne Google! Ich konnte mir auch gut die Augenfarbe von süßen Jungen merken. Man musste eben seine Prioritäten zu setzen wissen. Meinem Mann ging es ähnlich. Nicht mit den Augenfarben von süßen Jungs, aber mit dem Interesse für den Unterricht. Er hatte in der Schule auch keine großen Erfolge, aber dafür im Sport. Er machte sein Abi in Sport und Mathe, aber großen Ehrgeiz hatte er nur im sportlichen Bereich und war damals auch sehr erfolgreich im Sport. Genau wie ich fiel er in der Schule aber nie durch überdurchschnittlich gute Noten auf.

Wo lag also der schulische Erfolg unserer Tochter begründet? Ich dachte, es läge an mir. Nicht an meiner Intelligenz, versteht sich, sondern daran, dass ich vor jeder Klassenarbeit sehr gründlich mit ihr lernte. Und wenn ich sage gründlich, dann meine ich auch gründlich. Selbstverständlich brachte ich sie dazu, vor der Sachkundearbeit komplett auswendig aufzusagen, welche Tiere Winterschlaf, Winterstarre oder Winterruhe hielten, welche Vogelarten in den Süden flogen, welche hier überwinterten und weitere hochinteressante, lebenswichtige Dinge. Ich brachte ihr allerdings auch schon früh bei, die meisten Themen des Unterrichtes schlicht nur für die Klassenarbeiten auswendig zu lernen und danach einfach wieder von der Festplatte zu löschen. Manche Dinge, erklärte ich ihr, könne sie aber tatsächlich im späteren Leben noch einmal gebrauchen. Diese sollte man tunlichst nicht nur in das Kurzzeitgedächtnis speichern, sondern wirklich durch und durch verstehen. „Damit du später auch wirklich ausrechnen kannst, ob dein Geld im Kino noch für Popcorn reicht oder nicht." Ob die Frösche im Winter nur schlafen oder erstarren, fanden wir beide aber nicht so unheimlich wichtig. Ha! Das war auch meine heimliche Rache an Frau von W., der Sachkunde Lehrerin. Ella lernte also auswendig und lieferte eine Eins nach der anderen ab. Das mit dem Auswendiglernen fand ich damals nicht weiter erwähnenswert, da ich auch immer sehr gut auswendig lernen konnte. Auch meine Mutter, Oma Inga, hatte in der Schule immer eine der Hauptrollen in der Weihnachtsaufführung bekommen, weil sie gut auswendig lernen konnte. Leider die Rolle des Pech Mariechens, die Ärmste. Das leichte Auswendiglernen erklärte also so einige gute Noten, aber nicht alle. In vielen Klassenarbeiten wurden ja, auch in der Grundschule schon, Fragen gestellt, auf die man sich vorher nicht vorbereiten konnte, bei denen die Kinder tatsächlich ihren Prozessor anstrengen mussten und alleine Gedanken weiter entwickeln mussten. Dort konnten weder ich, noch das Auswendiglernen helfen, aber es hagelte trotzdem Eisbecher. Und dann natürlich die Arbeiten, in denen es ausschließlich um Grammatik, meinem Feindbild Nummer Eins, ging. Ich fand meine kleine Tochter einfach zum Niederknien, weil sie Objekt, Subjekt, Adjektiv, Verb und die diversen Pronomen auseinanderhalten und kristallklar definieren, deklinieren und konjugieren konnte.

Um diese Zeit herum geschah es das erste Mal, dass langsam ein Wort in mein Bewusstsein sickerte, das man normalerweise weit entfernt in anderen Familien oder Galaxien vermutete : Hochbegabt... Konnte es womöglich sein, dass Ella da doch anders gepolt war als wir? War sie etwa eines dieser Kinder, von denen man manchmal in der Zeitung las oder über die ich, in Ermangelung eines besseren Programmes, einen Bericht spät abends kurz vor dem vorm-Fernseher-Einschlafen angeschaut hatte? Aber nein, solche Kinder waren doch meistens irgendwie komische, vorlaute, kleine Klugscheißer mit fetten Brillengläsern, die im Windelalter schon Konzertpianisten waren. All das traf auf Ella ja gar nicht zu. Sie war ja auch nicht superschlau. Die guten Noten bekam sie ja nur, weil ich doch wohl so eine schlimme Helikopter Mutter war und vor den Klassenarbeiten wie eine Irre mit ihr lernte. Ich schob den Gedanken beiseite. Mit jeder folgenden Einser Klassenarbeit kam der Gedanke aber stückchenweise zurück. Schließlich setzte ich mich hin und googelte „Hochbegabt".

Ach du meine Güte, da gab es Dutzende Berichte und Seiten im Internet. Alle handelten von den hochbegabten Kindern, die in der Schule total auffällig geworden waren, weil sie SCHLECHTE Noten hatten, in Wirklichkeit allerdings nur unterfordert waren („Underachiever"). Die störten alle den Unterricht und die Eltern wurden ständig zu Lehrergesprächen befohlen. Traf ja bei uns gar nicht zu, Ella war ein absolut glückliches und zufriedenes, unauffälliges Kind. Ich beschloss trotzdem, bei der nächsten Untersuchung ihre Kinderärztin darauf anzusprechen.

In der folgenden Zeit, fing ich an, Ellas Verhalten und Können mit den im Internet zu findenden Symptom-Listen für Hochbegabte zu vergleichen. Also da hätten wir:

Das Kind fängt früh an, sich für seine Umwelt zu interessieren… Tja der Zug war schon lange abgefahren, weil ich nicht mehr wusste, ob sie das damals als Baby getan hatte oder nicht. Aufgefallen war uns jedenfalls nichts.

Das Kind fängt früh an zu sprechen, „überspringt" die Baby Sprache und bildet sehr schnell ganze Sätze und verfügt über einen großen Wortschatz… Leider fangen Kinder, die mehr oder weniger zweisprachig aufwachsen, meistens erst später an zu sprechen, also konnten wir da auch nichts vergleichen. Einen guten Wortschatz hatte sie allerdings damals dann schnell, wie wir ja auch von Oma Else gehört hatten.

Es zeigt früh ein starkes Interesse an Symbolen, wie Automarken, Firmen-Logos und dann auch an Buchstaben und Zahlen... Ha, da war`s! Ich sag nur „Ikea!"

Es löchert Erwachsene mit aufeinander aufbauenden Fragen auch zu nicht vermeintlich altersgerechten Themen... keine Ahnung.

Es erfasst komplexe Zusammenhänge und überträgt diese auf andere Fragestellungen... Ähh – wie jetzt?

Es hat Spaß am Lernen von unterschiedlichen Themen... Nicht feststellbar, da ich sie sowieso immer zum Lernen aufforderte.

Es zeigt einen starken Gerechtigkeitssinn und hinterfragt Entscheidungen von „Autoritäten". Hat es den Sinn dieser Entscheidungen aber eingesehen, folgt es ihnen manchmal mehr als 100-prozentig... Gerechtigkeitssinn, JA, Hinterfragen von Anweisungen, JA (TV gucken), ihnen 100-prozentig folgen, NEIN (TV gucken!)

Es verblüfft Erwachsene häufig mit Fragen nach Ursprung und Sinn des Lebens... Jens sagte, sie hätte ihn schon nach solchen Sachen gefragt.

Es bringt sich selber Lesen und Rechnen bei ohne sagen zu können, wie es das geschafft hat... Jawoll

44

Es fällt durch eine starke Fantasie auf und zeigt Initiative und Originalität bei intellektuellen Herausforderungen... Fantasie, JA, originell eher nicht

Es verblüfft durch ein gutes Gedächtnis… Also abgesehen von den ganzen im Winter erstarrten Fröschen hat sie in der Grundschule „Die Weihnachtsmaus" und „Knecht Ruprecht" (die lange Version) ungefähr an einem Nachmittag auswendig gelernt… Zählt das?

Es ist ausgesprochen sensibel für zwischenmenschliche Beziehungen… Ist mir damals noch nicht aufgefallen, heute aber schon.

Es unterhält sich und spielt lieber mit älteren Kindern oder Erwachsenen als mit Gleichaltrigen… Nö.

So verglich ich also immer wieder, wie Ella sich verhielt. Anhand dieser Symptome, konnte man so ziemlich jedes Kind für hochbegabt halten, hatte ich das Gefühl. Jedenfalls traf von den Merkmalen der Liste nur etwa die Hälfte auch auf Ella zu. Was konnte uns das sagen? Offensichtlich war das keine befriedigende Möglichkeit, um festzustellen, warum Ella in der Schule so gut war und ob sie vielleicht intelligenter war als andere Gleichaltrige.

Mitte des vierten Schuljahres war es soweit. Während einer U-Untersuchung erzählte ich Kinderärztin Frau Dr. E. von Ellas guten Noten in der Schule und dass sie jedes Mal Klassenbeste sei. Und dann kam meine Freveltat. Ich wollte nämlich von Frau Doktor wissen, ob sie mir einen Psychologen empfehlen könne, der sich mit IQ–Tests für Kinder auskennen und durchführen würde. Auweia, dieser Blick von ihr ließ mir das Blut in den Adern gefrieren. „Aber warum wollen sie das denn testen lassen, warum wollen sie das denn wissen? Ist es nicht egal, ob Ihre Tochter nun einen IQ von 130 hat oder nicht? Was bringt Ihnen das denn?", sprach sie und sah mich prüfend an. Nun war ich aber in Erklärungsnot. Ja, was sagt man denn da? Es war eine fatale Situation. Egal was man sagen würde, man stünde blöd da. Also zuckte ich nur mit den Schultern und grinste verlegen. Was ich hätte tun sollen, wäre zu sagen: „Es bringt mir nichts aber ich möchte es trotzdem einfach gerne wissen!" Denn meine Beweggründe gingen ja eigentlich niemanden etwas an. Aber das war mir damals noch nicht so bewusst. Sie meinte dann, ich solle auf jeden Fall erst einmal warten bis nach dem Wechsel auf das Gymnasium, weil danach normalerweise die Noten im Schnitt um eine Zensur sinken würden. Ich ließ mich also abwimmeln, nahm mir aber heimlich etwas vor. Wenn Ella, nachdem sie im nächsten Schuljahr auf das Gymnasium gekommen war, wirklich in den Zensuren absacken würde, würde ich mich auf's

Sofa verkriechen und nichts weiter unternehmen. Wenn sie aber, entgegen aller Erwartungen, weiterhin so gut bleiben würde, wollte ich sie testen lassen. So hatte ich es mir zumindest vorgenommen. Nach dem Besuch bei der Ärztin fühlte ich mich richtig mies. Was war ich nur für eine schlechte Mutter! Wollte ich mein Kind etwa nur auf ihre guten Leistungen reduzieren und war ich nicht glücklich darüber und zufrieden damit, ein tolles, nettes, gesundes Kind zu haben? Pfui, schämte ich mich. Außer mit meinem Mann konnte ich ja auch mit niemandem sonst darüber reden, die würden ja alle bestimmt genauso empört reagieren. „Lass das Kind doch Kind sein" kriegt man da zu hören. Jens war außerdem selber auch strikt gegen einen IQ-Test. Sein Argument war, was ich denn machen würde, wenn dabei herauskäme, dass sie nicht hochbegabt wäre? Diese Frage fand ich gemein. Als ob ich es schlimm fände, wenn sie nicht hochbegabt wäre. So ein Quatsch. Ich erklärte ihm, dass ich es nur toll finden würde zu wissen, warum sie so gut in der Schule war. Viel weiter war ich in meinen Gedanken auch noch nicht gekommen. Ich brauchte einfach eine Erklärung, das alles machte, so wie es jetzt war, keinen Sinn. Ich war nicht superschlau, Jens auch nicht, wieso war Ella so gut in der Schule?

Ich ließ die ganze Sache also mal wieder auf sich beruhen.

Ein Jahr zuvor, in der dritten Klasse, hatte Ella angefangen, englische Filme zu schauen, besonders Harry Potter. Die Filme und Bücher kannte sie vom vielen Schauen und Lesen auf Deutsch ja auswendig und es war somit kein großes Problem für Ella, sie auf Englisch zu schauen. Danach kamen dann die Teenie-Vorabendserien dran. Ella hatte rausgefunden, mit Papas Hilfe, dass man viele der amerikanischen Serien auch im Originalton anschauen konnte, was sie nun auch gründlich tat. Das beruhigte meine von schlechtem Gewissen geplagt Mutterseele dann auch etwas, da sie zwar immer noch übermässig viel Fern sah, aber wenigstens ihr Englisch dabei enorm aufbesserte. In der vierten Klasse kamen dann auch die ersten englischen Bücher dazu. Richtige englische Bücher, keine Englisch-Erstleser. So verging die vierte Klasse mit lesen, lesen, lesen und noch etwas Lego zur Abwechslung. Also alles eigentlich wie bei den meisten anderen Mädchen auch. Alle sagten uns, Mädchen würden ja normalerweise sowieso mehr lesen als Jungen, aber ich machte mir da schon manchmal Gedanken. Ich weiß, dass ich in dem Alter auch richtig viel gelesen habe. Zumindest die Bücher, die wir so im Hause hatten und das war nicht viel außer Karl May. Deshalb gab es damals keinen größeren Winnetou Fan als mich. Ella konnte ich für den edelsten aller Indianerhäuptlinge allerdings nicht begeistern, sie wollte nie die Bücher lesen, die ich ihr vorschlug. Sie hatte immer sofort Interesse an den Büchern von denen es hieß, die seien noch nichts für sie.

Aus diesem Grund fing sie auch an, sich für die Buchreihe „Percy Jackson" zu interessieren. „Helden des Olymp" handelt von einem Jungen (eben diesem Percy Jackson), der irgendwann herausfindet, dass er halb Mensch halb griechischer Gott ist. In den Büchern geht es um griechische Mythologie. Ella sog die Buchreihe förmlich in sich auf. Sie konnte nach kurzer Zeit, aus dem Stehgreif, zehnminütige Vorträge über die griechische Mythologie halten. Manchmal sehr zum Leidwesen ihrer Lehrer und Mitschüler. Ich nenne es insgeheim, der Beginn der Percy Jackson Ära. Ich lag einmal neben ihr auf dem Bett und sah ihr über die Schulter, als sie Percy Jackson las und als sie umblätterte las ich die nächste Buchseite mit ihr zusammen, nur aus Interesse am Inhalt. Als ich ein Drittel der Seite gelesen hatte, wanderte ihr Blick schon nach rechts rüber zur anderen Seite. Hhmm? Ich las weiter und einen Absatz später, blätterte sie um! Häh? Ich startete wieder heimlich mit ihr gemeinsam zu lesen und wieder blätterte sie schon um, als ich bei einem Drittel der

Seite angekommen war, was mich als nicht gerade langsame Leseratte echt verwunderte. Ich ging zu Jens und erzählte es ihm und auch er legte sich, ganz unauffällig neben sie und las mit. Genau das Gleiche. So fanden wir heraus, dass sie in der Grundschule schon dreimal so schnell wie wir lesen konnte. Ich wunderte mich wirklich und erwähnte es bei nächster Gelegenheit gegenüber ihrer Lehrerin. Diese fand daran aber merkwürdigerweise nichts Besonderes, sie erzählte mir nur von ihrer eigenen Tochter, die wohl ein fotografisches Gedächtnis hatte und noch nie Vokabeln gelernt hatte. Was das nun aber mit Ellas Schnellesen zu tun haben sollte erschloss sich mir nicht wirklich. Daraufhin verdrängte ich es wieder, genau wie die Tatsache damals, als sie sich selber das Lesen beigebracht hatte.

Als nächstes benutzte sie die Bücher Gutscheine, die sie sich immer zum Geburtstag und Weihnachten wünschte, um sich Bücher über die allgemeine griechische Mythologie zu kaufen und in den Sommer Urlaub kam u.a. auch noch ein Buch über Nordische- und eines über Deutsche Heldensagen mit ins Gepäck. Mich hätte man in dem Alter schlagen müssen, um so etwas zu lesen, bildungsfernes Umfeld eben.

Am Ende der vierten Klasse erlebte ich nun noch den bisherigen Höhepunkt der von Ellas Schulnoten verursachten Erlebnisse, allerdings traf sie absolut keinerlei Schuld daran. Ich muss es hier aber einfach erzählen, um auch nach Jahren noch, nicht daran zu ersticken. Wir trafen uns mit fünf Müttern, um die Klassenabschlussfeier der Grundschule und ein Abschiedsgeschenk für die Klassenlehrerin zu organisieren. Wird heute ja alles von den Heli-Müttern organisiert, also war ich natürlich dabei. Hätte ich mal lieber sein lassen sollen. Wir saßen im Wohnzimmer der Mutter von Lina und wollten kaffeetrinkenderweise anfangen Vorschläge zu machen, als die Mutter von Lydia anfing merkwürdige Sätze von sich zu geben. Sie meinte aus heiterem Himmel, ohne dass irgendwer dieses Thema auch nur im Entferntesten angeschnitten hätte, „Ihre Tochter würde auf jeden Fall auf das Gymnasium kommen, weil sie nämlich hochbegabt sei, sie würde auch immer nur Dreien schreiben, weil sie unterfordert wäre" und wurde langsam lauter dabei. Ich war einigermaßen Baff, weil ich dachte, wenn Lydia hochbegabt sei, was wäre denn dann Ella? Ich weiß nicht, ob ich irgendwie mit der Nase gezuckt habe oder sonst irgendetwas getan habe, was das Folgende verursacht haben könnte. Aber sie ging kurz in die Küche, kam dann zurück und baute sich plötzlich zu voller Größe vor uns auf und rief: „Bevor wir anfangen, möchte ich noch was sagen, was mich schon lange stört…" Sie legte mit extrem lauter Stimme damit los, sich zuerst lang und breit über die Führung der Klassenkasse aufzuregen und sah mich dabei direkt an. Sie sprach mich dann sogar persönlich an und schimpfte sich regelrecht in Rage über verschiedene Dinge, sie wurde immer lauter und lauter und schneller und keiner von uns wusste, was sie mir eigentlich vorwarf. Die Gastgeberin hatte sich schnell in die Küche verkrochen und ich saß dort im Wohnzimmer, zwischen den anderen Frauen und merkte wie mein Herz immer schneller schlug. Als sie nach langen Minuten endlich mit ihrem Gezeter aufhörte, zitterten meine Hände. So eine Hass Rede hatte ich noch nie gehört, geschweige denn auf mich bezogen erlebt. Ich bin für solche Situationen viel zu wenig abgebrüht oder selbstbewusst und musste erstmal meine Tränen unterdrücken. Nachdem alle zehn Sekunden entsetzt den Atem angehalten hatten, schaffte ich es ihr zu antworten mit der Frage „Bist du jetzt fertig?" Und erklärte ihr erst einmal, dass ich nicht wüsste, warum sie mich auf die Klassenkasse „angesprochen" hätte, da ich noch NIE etwas damit zu tun gehabt hatte und Alvins Mutter von je her die Kassenwartin war. Punkt an mich, wie ich an den Gesichtern der Anderen ablesen konnte. Und weiterhin hätte ich nicht die geringste Ahnung, warum sie meinte sie hätte das Recht mich dermaßen anzuschreien und warum überhaupt? (Ich wollte mich gepflegter als sie ausdrücken denn eigentlich hätte ich sie fragen müssen, wer ihr denn wohl ins Gehirn geschissen hätte). Ich sagte noch, betont ruhig, so ruhig wie es meine zitternde Stimme zuließ, dass ich es nicht nötig hätte, mir so etwas anzuhören und jetzt auch absolut keine Lust mehr hätte, noch hier zu bleiben. Daraufhin nahm ich meine Tasche und ging hinaus. Eine andere Mutter, mit der ich mich ganz gut verstand, die sich aber meistens nie direkt in solche Sachen einmischte, kam hinter mir hergelaufen und versuchte mich zu trösten. Als ich die anderen Mütter das nächste Mal sah, sagten alle, sie wüssten absolut nicht, was in diese Frau gefahren sein könnte, dass sie sich so aufgeführt hätte und „Sie wären an meiner Stelle schon viel eher aufgestanden". Ich aber wusste insgeheim, warum sie so explodiert war. Es musste mit, über Jahre aufgestautem, purem Neid auf Ellas super schulischen Leistungen zu tun haben. Lydia war damals auch diejenige gewesen, die Ella vorgeworfen hatte, mit ihren Einsen anzugeben und die sie als verwöhnte Göre beschimpft hatte. Die Mutter hatte mit Sicherheit schon damals zuhause immer über Ella gelästert und geschimpft.

Was gab es nur für üble Charaktere unter den Menschen, ich konnte es kaum glauben.

So ging nun also langsam die Grundschulzeit zu Ende, durch die Ella in rasantem Tempo, wie ein Schlitten auf vereister Bahn, hindurch geschlittert war. Mit Bestzeit!

GYMNASIUM FÜNFTE KLASSE

Es kam also jetzt darauf an, Ella auf einem Gymnasium, und zwar möglichst auf dem best of the best of the best aller örtlichen gehobenen Bildungsanstalten, anzumelden. Ella war im ersten Jahrgang, der ohne Empfehlung der Grundschule in die weiterführenden Schulen startete. Es gab also quasi ein Kopf-an-Kopf Wettrennen von uns Helikoptermüttern um die vorhandenen Plätze an den Gymnasien. Mit Ellas super Zeugnis hatten wir aber ja die Trumpfkarte in der Hand und ich hoffte sie würde dort „mit Kusshand" angenommen werden, wie Oma Inga sagte. Und zwar ohne, dass ich die Nacht davor mein Zelt vor der Schule aufschlagen musste, um als erste am Anmeldetag im Sekretariat zu sein. Es funktionierte tatsächlich, ich brauchte den armen, von den ganzen aufdringlichen Mamas schon nervös mit den Augen zuckenden Koordinator nicht auch noch zu bedrängen. Er nahm Ella freiwillig an und sie wurde auf dem besten, altehrwürdigen humanistischen Gymnasium aufgenommen. Ich liebe es, wenn ein Plan funktioniert…

Ella hatte in einem der Fünf Freunde Bücher etwas über die Sprache Latein gelesen, weil die Fünf Freunde einen Text entziffern mussten: "Via occulta...", also „der geheime Weg". Sie fand die Sprache toll, hatte auch sonst schon einiges von Latein gehört und wollte deswegen als zweite Fremdsprache Latein lernen. Mein Mann und ich hüpften innerlich vor Freude. Es war ja logisch und allgemein bekannt bei Laien wie uns, dass man um Medizin oder Jura zu studieren doch besser vorher Latein gelernt haben sollte. Oder wie Oma Else einmal über Jens´ jüngere Schwester sagte: „... ja, Laura hat ja auch das kleine Latino".

Also sollte es für Ella in die Latein Klasse gehen, welches an diesem Gymnasium schon ab der Fünften Klasse unterrichtet wurde, eben uralter Lateinadel. So viele Vorteile ich mir für ihren späteren Beruf auch vom Lateinunterricht erwartete, graute es mir allerdings auch etwas davor. Ich hatte auf dem Gymnasium Englisch und Französisch gehabt und Jens auch. Da war also nichts mehr für mich zu machen mit Hausaufgabenkontrolle und Klassenarbeitsvorbereitung, wenn sie Latein hätte. Mein Latein beschränkte sich auf die zwei Sätze aus meinem Geschichtsunterricht an die ich mich noch erinnerte „In vino veritas" und „Ora et labora".

Nun kam Ella also auf das Gymnasium, in die 5a, das waren die Lateiner. Man konnte auf ihrem Gymnasium auch an einer „Streicherklasse" teilnehmen, wie wir erfuhren, als wir uns vorab die verschiedenen Gymnasien bei einem Tag der offenen Tür anschauten. Das war die Möglichkeit für Kinder, die bisher noch kein Streichinstrument spielten, dort eines zu lernen, denn es war Voraussetzung, dass man das Streichinstrument noch nicht spielen konnte. Auch Noten brauchte man noch nicht lesen zu können. Jens und ich waren direkt neidisch. Wir wären Spitzenkandidaten für diese Streicherklasse gewesen. Wir hatten ja keine Ahnung von Tuten und Blasen, nicht von Noten und erst recht nicht vom Streichen. Wände zu streichen ausgenommen. Es wurden also alle Streicherkinder aus den vier Fünften Klassen während der Musikstunde zusammengelegt, während die restlichen Kinder normalen Musikunterricht hatten. Als Jens von dieser Möglichkeit erfuhr, fragte er Ella sofort, ob sie nicht Cello lernen wollte. Mal ehrlich, welches kleine Mädchen würde nicht sofort Cello für ihren Papa lernen wollen? Also ging sie in die Streicherklasse. Diese wurde für die Fünfte und Sechste Klasse angeboten. Ein Cello konnte man für diesen Zeitraum von der Schule gegen eine geringe Leihgebühr ausleihen. Es lief also gut an auf dem Gymnasium, besonders Jens war begeistert.

Für den ersten Elternabend, der gleich am Anfang stattfand, hatte ich mir noch keinen Schlachtplan zurechtgelegt. Es sollten dort ja diverse „Ämter" vergeben werden, wie man weiß. Ich wollte gerne an den jährlichen Zeugniskonferenzen teilnehmen, aus reiner Neugier, versteht sich und weil ich wissen wollte, wo Ella in der Klassenleistung stand. Muss ich mich jetzt fragen, ob das noch normale Neugier ist oder muss ich mir das schon als miesen Charakterzug ankreiden? Beim Elternabend ging es aber zunächst einmal um die Wahl des Elternsprechers. Man kennt das. Dieses plötzliche Schweigen im Walde, alle schauen die Fliegen an den Wänden an, begutachten ihre Fingernägel, alles um nur nicht dem suchenden Blick des Lehrers zu begegnen. Wie im Film, wenn im vollbesetzten Flugzeug jemand eine Panikattacke bekommt und die Flugbegleiterin ruft: „Ist hier ein Arzt an Bord?"- Und alle Ärzte versinken in ihren Sitzen. Wir hatten an dem Abend aber unfassbares Glück. Es meldeten sich sofort, und zwar aus freien Stücken, ohne Waffenzwang oder sonstige Gewaltandrohung, ein Vater und eine Mutter freiwillig für die Ämter der Elternvertreter. Man konnte eine wahre Steinlawine von den Herzen der Anwesenden fallen hören, am lautesten beim Klassenlehrer. Diese Hürde hatte ich also umschifft. Als nächstes sprach der Lehrer über die bald stattfindende erste Klassenfahrt, eine Kennenlernfahrt sozusagen. Er brauchte noch zwei Begleiter für die Fahrt zur Jugendherberge. Ich konnte gerade noch meinen hochschnellenden Arm wieder verbergen, als er weitersprach von „Hinfahrt mit dem Rad". Du meine Güte, da hatte ich ja noch rechtzeitig gepasst. Ich stieß meinem Mann, der als ehemaliger Sport Freak doch super dafür geeignet war, in die Rippen. So wurde er, zusammen mit einer anderen Mutter, also eingeteilt, die Klasse auf der Hinfahrt mit dem Rad in die Jugendherberge zu begleiten. Dann wurde noch jemand gesucht, der zwischenzeitlich die Koffer der Kinder mit seinem Auto zur Herberge fahren konnte. Hier schoss mein Arm nun aber doch in die Höhe. Ich fahre ein recht großes Auto, eine Art Lieferwagen in den alle Koffer passten und konnte so also ganz easy Pluspunkte für Fleiß beim Lehrer sammeln. Zum Schluss mussten dann endlich noch zwei Eltern für die Zeugniskonferenzen gefunden werden. Gefunden ist gut, denn es schnellten mindestens zwölf Arme hoch. Aber nicht schnell genug für die Mutter aller Helikoptermütter, ich war schneller und die Erste, was der Lehrer auch bemerkte. Ich bekam den ersten Zuschlag, auch weil ich mich vorher ja freiwillig für den schwierigen Kofferdienst gemeldet hatte. Ich liebe es wenn ein Plan funktioniert… Um den zweiten Spot kämpften die restlichen Eltern. Was Lehrer im Allgemeinen über uns Eltern, und speziell mich denken, möchte ich eigentlich gar nicht wissen. Aber man befindet sich ja wie im Zwang, wenn es um solche Sachen geht. Mir geht es zumindest so. Man muss dann halt schnell zuschnappen, wie im Haifischbecken, bevor die Anderen einem den Brocken wegschnappen. Na, jedenfalls war ich bei den Konferenzen dabei.

Als gutes Omen sah ich an, dass Ella wohl großes Glück mit dem Klassenlehrer-Team gehabt hatte. Ihr Klassenlehrer, der sie in Mathe und Latein unterrichtete, war ein Glücksgriff für die Klasse. Die Kinder liebten ihn. Er war einer der tiefenentspanntesten Menschen, die ich je kennenlernte, er stopfte vermutlich sein Qi Gong morgens löffelweise in sich hinein und hatte einen Humor, der oft schon an Ironie grenzte, den die Kids aber cool fanden. So passierte es zum Beispiel, dass er sah, dass fast alle Jungen in das Handy eines Jungen namens Leonard schauten. Statt den Jungens lange Vorträge darüber zu halten, wie verblödet diese ständige Handyglotzerei war, lief er einfach auch noch zu Leonard und rief dabei laut: „Au ja, kommt alle her und lasst uns ALLE in Leonards Handy glotzen!" Alle mussten lachen.

Ella lebte sich gut und schnell in ihrer neuen Klasse ein. Die Klassenkameraden waren alle nett und es kam schnell ein schönes „Klima" in der Klasse auf. Das Klassenlehrer Team, Frau B. und Herr M. gefielen Ella sehr gut. Sie vermisste ihre alte Grundschulklasse nicht mehr lange. Auch die neue Fremdsprache Latein, die ja meines Erachtens nach staubtrocken war, brachte Herr M. dermaßen lustig rüber, dass es nicht nur Ella, sondern fast allen Kids Riesenspaß machte. Die neuen Schulfächer Biologie, Chemie, Erdkunde und Physik bereiteten Ella auch keine Probleme. Bei den AGs, die angeboten wurden, beugte Ella sich den mütterlichen Argumenten „sportliche Betätigung an frischer Luft" und wählte die „Segel-AG", die in den wärmeren Monaten auf einem See in unserer Nähe stattfand.

Als es nach den ersten Monaten mit den Klassenarbeiten losging, schlüpfte ich wieder nahtlos in meine Helikoptermutter Rolle und lernte mit Ella für jede Klassenarbeit. Sogar in Latein konnte ich anfänglich noch mithalten, zumindest beim Vokabeln Abfragen. Außerdem ermahnte ich sie auch immer wieder, ihre Mappen ordentlich mit Seitenzahlen, Datum und Inhaltsangabe zu führen. Sie bekam mehr als einmal meinen Spruch „Man hat nur eine Chance einen ersten Eindruck zu hinterlassen" zu hören. All das Lernen brachte ihr dann auch offensichtlich wieder gute Noten ein. Sie startete auch auf dem Gymnasium gleich wieder mit Einsen, in fast jedem Fach. Ich kam aus dem Staunen nicht heraus. Wie wichtig die mündliche Mitarbeit war, hatte ich ihr schon in der Grundschule oft genug eingetrichtert und auch damit hatte sie in dieser neuen elitären Umgebung keine Probleme. Ella war sowieso ein sehr kommunikativer Mensch oder wie ich es nenne, sie hat die Quassel-Gene von Jens' Seite geerbt.

In der Streicherklasse schaffte sie es, ein Cello als Instrument zu ergattern, wie ihr Papa es sich gewünscht hatte, sonst hätte sie Bratsche oder Geige spielen müssen. Anfänglich hörte es sich ihr Cellospiel etwas, ich möchte sagen, gewöhnungsbedürftig für uns an. Es war auch mehr als merkwürdig, ein solches stimmgewaltiges Instrument in unserem Wohnzimmer zu hören. Die erste Zeit „daddelte" sie irgendwie nur so auf ihrem Cello herum. Als die Streicherklasse dann nach ein paar Monaten das erste kleine Konzert gab und Ella mitspielte, waren wir sehr zufrieden und freuten uns für sie. Anfänglich fuhr ich einmal mit ihr zusammen mit dem Linienbus zur Schule, damit wir den Fahrplan und die Haltestellen kennenlernten. Ich fand die immerhin 35 minütige Fahrt von unserem Haus am Stadtrand mit dem öffentlichen Bus furchtbar, zu wenig Platz, zu viel Lärm, zu viel Geruch, einfach Bah! Wir hatten SEBSTVERSTÄNDLICH auch eine App angeschafft, mit der man verfolgen konnte, wo sich die anderen Partner jeweils befanden und wenn es so eine App noch nicht gegeben hätte, hätte ich sie wohl selber erfunden. Ich hatte sie also per Satellit einigermaßen im Auge, leider konnte ich aber keine Überwachungskamera im Bus installieren. Zu blöd… Eine Weile später, als sie gerade kränkelte, fuhr ich sie dann „mal" mit dem Auto zur Schule. Dabei ist es bis heute geblieben. Falls sie daran jetzt etwas auszusetzen haben und es nicht verstehen frage ich mich, warum sie überhaupt dieses Buch lesen! Ich hatte sie ja gewarnt, es wäre ein Bericht einer Helikoptermutter und nicht der Deutschen Umwelthilfe…

In den Klassenarbeiten lief es immer besser, wenn es überhaupt besser als „Eins" sein konnte. Das Schöne an ihrer neuen Klasse war, es war niemand neidisch auf ihre guten Noten, die Kids nahmen es einfach so hin, dass sie besser war. Außerdem schrieben auch einige Andere öfter Einsen, Ella fiel also nicht so auf, wie in der Grundschule. Wir waren alle sehr glücklich darüber. In diesem Jahr schenkten wir ihr zu Weihnachten zur frühzeitigen Einführung in die akademische Welt der Wissenschaften ein Mikroskop und einen Chemiekasten. Die beiden Sachen wurden auch tatsächlich einmal angeschaut, ausprobiert, alle Tütchen einmal aufgerissen und ausgepackt und dann - nichts mehr. Sie hat sich nie dafür interessieren können und ich konnte nichts dagegen tun, auch wenn ich mich auf den Kopf stellte. Beide Kartons landeten unter ihrem Bett und verstauben dort auch heute noch munter vor sich hin.

In ihrem ersten Zeugnis auf dem Gymnasium hatte sie nur Einsen und Zweien, einen Durchschnitt von 1,4 (Zweien in Sport und Kunst) und Jens und ich rieben uns die Hände bis sie rot waren. Besser hätte sie nicht starten können.

Nach ungefähr einem dreiviertel Schuljahr fing es nun doch auch in ihrer jetzigen Klasse an aufzufallen, dass sie fast nur Einsen schrieb. Ihr Mitschüler Leonard fragte sie scherzhafterweise:„Ey Ella Alda, bist du eigentlich hochbegabt oder was? Wie hoch ist eigentlich dein IQ?" Worauf sie gar nicht wusste, was sie antworten sollte, wie sie mir später zu Hause erzählte. Ich gab ihr wieder den Ratschlag, gar nicht auf solche Bemerkungen einzugehen oder sie möglichst zu umgehen. Ich hatte Angst, dass es wieder Ärger und Neid wie in der Grundschule geben könnte, wo doch bisher in dieser Klasse alles so reibungslos gelaufen war. Aber allen Anderen bis auf diesen Jungen war es nicht so wichtig, dass sie so auffällig gut war.

Die Kids können ja heutzutage in der Mittelstufe jährlich an einem Zukunftstag („Girls Day") teilnehmen, um sich einmal das Berufsleben anzuschauen und auch, um in geschlechtlich entgegengesetzte Berufssparten reinzuschnuppern. Ella hatte sich selber bisher noch keine Gedanken darüber gemacht, wieso auch? Es war ja schließlich noch ganze zwei Monate hin, wie sie mir als vorausplanendem Control Freak ins Gesicht zu sagen wagte. Ich hatte mir selbstverständlich (!) schon einige Stellen überlegt und schlug sie ihr vor. Ich schlug ihr u.a. einen Tag im Gericht vor, mich daran erinnernd, dass ich ihr in der ersten Klasse ja schon gesagt hatte, sie könne Richterin werden, mit ihrem ausgeprägten Gerechtigkeitssinn. Außerdem, für irgendetwas musste die Latein-Lernerei ja gut sein. Also beruflich später in Richtung Jura? Sie entschied sich dann auch dafür, den Tag beim Oberlandesgericht zu verbringen und ihre übereifrige Helikoptermutter schaffte es auch tatsächlich noch, sie dort anzumelden. Der Tag am Gericht gefiel ihr ausgesprochen gut, allerdings aus anderen Gründen, als ich mir vorgestellt hatte. Die Kids durften zwar auch an einer Gerichtsverhandlung über einen betrunkenen Radfahrer teilnehmen, wow wie spannend !?! Was bei den jungen Leuten einen deutlich größeren Eindruck hinterließ, sie durften sich in eine Untersuchungszelle einschließen lassen. Uuah, nichts besser als ein gewagtes Abschreckungsmanöver, dachten sich wahrscheinlich auch die veranstaltenden Justizbeamten mit einem hinterlistigen

Grinsen. Getoppt wurde das Erlebnis es nur noch durch den Besuch danach, in der Asservatenkammer. Sie konnten beschlagnahmte, echte Drogen und Waffen betrachten, also Cannabis, Butterfly-Messer, Pistolen, eine Armbrust und einen Morgenstern. Fand ich dann als besorgte Mutter doch eher suboptimal. Ich beschloss für sie, beim nächsten Zukunftstag doch lieber ihr Latein in einer Arztpraxis zur Anwendung zu bringen.

In diesem Frühjahr fragte ich Ella, was sie eigentlich ihrem Papa zum Geburtstag (es war ein runder) schenken wolle. Wie üblich, hatte sie sich noch keine Gedanken gemacht, war zu beschäftigt mit Nichtstun und lesen. Ich schlug ihr vor, doch für Jens „Happy Birthday" auf dem Cello zu lernen, als Überraschung für ihn. Zuerst war sie nicht begeistert. Da kam doch ihre Mutter auf die merkwürdige Idee, dass man Cello ÜBEN müsste, um zu spielen, fragte dann aber doch ihren Musiklehrer nach den Noten. Nach einigem Überreden, konnte ich sie auch tatsächlich dazu bringen, das Stück ein paar Mal zu üben. Und siehe da, Jens hätte gesagt „Na bitte Uschi, geht doch", - es klang richtig gut. Auf wundersame Weise dadurch motiviert, übte sie auch noch die Stücke, die sie in der Streicherklasse gerade spielten. Kurz vor Ende des Schuljahres war es dann soweit und Jens hatte Geburtstag. Wir bereiteten ihm eine Überraschungsparty aber sein schönstes Geschenk war sicherlich, als Ella ihm sagte, sie hätte ein Lied für ihn eingeübt und es ihm dann vorspielte. Sie hatte sich in diesen paar Wochen deutlich verbessert. Jens war sichtlich gerührt, geht es denn noch mehr Klischee als „blondgelockte kleine Tochter entlockt einem großen braunen Instrument engelsgleiche Töne" – für ihren dahinschmelzenden Papa (es wahr wirklich schön).

Auch Herr B., der Lehrer, der die Streicherklasse unterrichtete bemerkte offensichtlich, dass sie sich in kurzer Zeit enorm verbessert hatte. Er erlaubte ihr, ab dem Anfang der sechsten Klasse, noch während sie in der einführenden Streicherklasse war, schon im kleinen Orchester der Schule zu spielen. Dies war eigentlich erst, wenn überhaupt, ab der siebten Klasse erlaubt. Ella war superstolz und davon beflügelt, übte sie FREIWILLIG Cello. Es geschehen noch Wunder. Wiederum davon beflügelt, kauften wir ihr ein Notenbuch. Nicht irgendeines versteht sich, sondern eines mit Filmmusiken. Wir dachten uns, wer will schon Bach spielen wenn es auch Bond gibt und Potter statt Paganini, Rocky statt Rossini eben Williams statt Vivaldi. Nach kurzer Sichtung des Inhaltes, riss sie uns das Heft aus der Hand und fing an zu spielen. Ich liebe es, wenn ein Plan funktioniert... Hedwig's Thema aus Harry Potter machte schnell Fortschritte und auch die James Bond und Rocky Melodien schaffte sie „spielend"– wir staunten Bauklötze. Wir überlegten, ob wir ihren Musiklehrer fragen könnten, ob es sich „lohnen" würde, Ella privat Cello Unterricht geben zu lassen oder ob es Perlen vor die Säue werfen wäre. Natürlich benutzte ich eine etwas raffiniertere Wortwahl, aber meine Zweifel waren mir wohl ins Gesicht geschrieben, als ich mit Herrn B. darüber sprach. Er sagte daraufhin: „Wenn Sie Ella Cello Unterricht geben lassen, geht die ab wie ´ne Rakete!" Ich war sprachlos, das hatte ich so nicht erwartet. Man bedenke, dass weder Jens noch ich, auch nur im Entferntesten ein Instrument spielen konnten oder auch nur mit Musik zu tun gehabt hätten. Obwohl, halt ich will nicht lügen. Ich hatte als Kind, nach langem Betteln, weil die Nachbarskinder auch eine hatten, die obligatorische Blockflöte bekommen. Aber weiter als „Alle meine Entlein" zu spielen, kam ich nie.

Gegen Ende der fünften Klasse, kurz vor den Zeugniskonferenzen, wurde der Elternsprechtag angekündigt und ich schrieb mich für einen Termin bei den Klassenlehrern ein und gab Ella den Zettel mit zur Schule. Denselben Zettel brachte sie dann prompt wieder mit zurück, Her M. hatte ihr gesagt, es gäbe nichts zu besprechen. Punkt. Seit dieser immerhin schon zweiten Elternsprechtages-Blamage habe ich mich nie wieder um ein Lehrerge-spräch bemüht. Erfreulicherweise machte sich aber meine schlaue Kriegsführung beim Ergattern des Platzes in der Zeugniskonferenz bezahlt. Ella war tatsächlich auch auf dem Gymnasium die Klassen-beste geworden und ich war auf der Konferenz live dabei, als der Lehrer es verkündete. Er sagte „Klas-senbeste ist, mit großem Abstand, Ella. Sie hat einen Durchschnitt von 1,08." Ein Raunen im Raum und einer der anwesenden Lehrer sagte: „Also hat sie irgendwo eine Zwei." Und ein anderer Lehrer scherzhaft: „Was kann sie denn nicht?" Haha, alle lachten. Herr M. antwortete:" Sport - in Sport hat sie eine Zwei". Großes Gelächter und ich war echt und wahrhaftig stolz auf meine Tochter.

In diesem Sommerurlaub durfte Ella, jetzt zwölf Jahre alt, einen Tauchkursus machen. Ich bin bekennender Tauch- und Schnorchel-Fan und hatte Ella schon mit viereinhalb Jahren das Schnorcheln beigebracht. Das hatte ausnahmsweise aber nichts mit Helikoptern zu tun, ich konnte es einfach nur kaum erwarten, ihr meine geliebte Unterwasserwelt zu zeigen. Jetzt sollte es also mit dem Gerätetauchen losgehen. Der Tauchlehrer auf unserer kleinen Urlaubsinsel war ein sehr guter und verantwortungsvoller Lehrer, sprach aber leider kaum Deutsch. Deswegen hielt er den kompletten Theorieunterricht, vier Tage lang nur Fachbegriffe, auf Englisch. Ella bestand die englische Scuba-Diving Prüfung ohne Probleme und taucht seitdem mit dem größten Vergnügen. Auch dieser Lernerfolg wurde leider von uns Ignoranten nicht weiter beachtet.

Zurück zuhause und in der Schule durfte Ella also im kleinen Orchester mitspielen und fügte sich auch dort problemlos ein.

In ihrer Klasse gingen die Mitschüler und der Klassenlehrer relativ entspannt mit Ellas manchmal, wie soll ich sagen, penetrantem Fachsimpeln um. Als sie in Latein den Trojanischen Krieg behandelten, Ella sich meldete und die komplette Chose vom hölzernen Pferd, von Odysseus bis Agamemnon, von Paris über Hector bis zur schönen Helena runterrasselte, war es den Anderen doch etwas zu viel. Ein Junge meldete sich und fragte Herrn M. ob man Ella nicht eine „Redezeit" verpassen könne, worauf der Lehrer erleichtert zustimmte und ihr noch 30 Sekunden Zeit gab, ihren Trojanischen Erguss zu beenden. Die Klasse atmete kollektiv erleichtert auf. Um diese Zeit war es dann ihr Geschichtslehrer Herr Dr. D., der bei einer ähnlichen Begebenheit als erster Lehrer etwas brummelte von „fördern" und „Geschichtsprojekte", aber dabei blieb es dann auch. Leonard fragte während der nächsten Monate nun öfter wieder nach Ellas „IQ" oder ob sie denn nun hochbegabt wäre. Sie hatte dann jedes Mal eine passende Antwort parat. „Ey Ella wie hoch ist eigentlich dein IQ, weißt du das?" „Nee, weißt du denn deinen?" Und somit konnte sie ihn immer wieder abwimmeln. Nachdem der Junge dann irgendwann wohl schon zum dritten Mal über Hochbegabung vor sich hin gefaselt hatte, fragte ich mich nicht nur, wieso das einen 12-jährigen Jungen interessieren könnte – wahrscheinlich war es wohl eher bei ihm zuhause ein Thema – sondern auch, ob VIELLEICHT doch ein Fünkchen Wahrheit dran sein könnte. Flap-Flap-Flap, das Helikoptermuttergehirn kam langsam in Fahrt. Ich redete mit Jens

71

darüber, ob wir nicht vielleicht doch einmal über einen Intelligenztest für sie nachdenken sollten. Jens war aber dagegen. Er fragte mich das, was mich auch schon die Kinderärztin damals gefragt hatte. „Warum willst du das denn wissen?" Diese Frage konnte ich ihm allerdings auch nicht wirklich logisch beantworten. Ich hatte nur einfach so ein Bauchgefühl, also jetzt nicht „dieses Kribbeln im Bauch" sondern ein Gefühl, welches sich im Laufe der Zeit immer deutlicher bemerkbar machte. Unfairerweise fragte er mich dann nochmal, wie damals schon, was ich denn machen würde, wenn dabei herauskäme, dass sie nicht hochbegabt wäre? Wäre ich dann nicht enttäuscht? Diese Unterstellung fand ich richtig mies. Ich kam mir schon wieder wie eine schlechte Mutter vor. Ich hatte das Gefühl, mich verteidigen zu müssen und sagte, dass ich dann natürlich NICHT enttäuscht wäre, was für ein Quatsch. Uns beiden war ja bewusst, dass sie wohl außergewöhnlich schlau war, zumindest in der Schule. Aber Jens hatte anscheinend selber nicht den Mut, der ganzen Sache auf den Grund zu gehen. Durch seinen Widerstand hatte ich ein zu großes Hindernis zu überwinden und lies die Sache wieder auf sich beruhen.

In der Weihnachtszeit hatte Ella aufgeregt den ersten Auftritt mit dem kleinen Orchester in der Aula und wir saßen im Publikum und freuten uns mit allen anwesenden Eltern über das schöne kleine Konzert. Um für den interessierten Leser hier noch ein paar Superlative der ganz besonders angeberischen Art anzubringen, wurde uns von ihrer Musiklehrerin danach mitgeteilt, dass Ella den Anderen mit dem Cello etwas „ent-eilt" wäre und der Musiklehrer meinte „ich rauche vor Bewunderung." – was auch immer das nun heißen sollte – Ella und wir freuten uns ehrlich darüber.

Um diese Zeit kamen bei Ella die Maze Runner Bücher auf die Favoritenliste und zwar nur noch im englischen Original. Deutsche Bücher fingen langsam an, langweilig zu werden, besonders weil sie die Filme zu den Büchern jeweils immer nur noch auf Englisch schaute. Als sie sich dann die „Ilias" im Original (Latein) kaufen wollte und ich fragte „Die was?", kam ich wirklich etwas ins Grübeln. „Wieso liest die denn so 'n Scheiß", musste ich mich immer wieder fragen, denn inzwischen hatte sie mir erklärt das es vom Trojanischen Krieg handele, meeeine ich, oder so. Deswegen kam mir Anfang des neuen Jahres dann der Artikel, den ich durch Zufall in der Lokalzeitung fand, über einen „IQ-Verein im Norden" (Name geändert), gerade richtig.

„Beratungsabend mit dem Schwerpunkt Erstberatung. Es findet ein offener Beratungsabend statt.

Neue Eltern sind hier ebenso herzlich willkommen, wie Eltern mit weitergehendem Beratungsbedarf."
Ich überlegte eine Nanosekunde und hatte dann das Gefühl, genau sowas wie diesen Verein hatte ich finden wollen. Man konnte sich unverbindlich über das ganze Prozedere eines IQ Testes informieren und wenn alles „Kluge" an unserer Tochter nur eine Ausgeburt mütterlicher Einbildung und grenzenloser Überschätzung war, konnte man sich wieder ganz schnell verpieseln und in der Versenkung verschwinden. Wenn man völlig fehl am Platze gewesen war, konnte man ja auch in nächster Zeit nur noch mit Hut und Sonnenbrille durch die Innenstadt laufen, um von niemandem dieses Vereines erkannt zu werden. Ich zeigte Jens die Annonce und zu meinem allergrößten Erstaunen, stimmte er zu, dort zu versuchen, uns Informationen zu erschleichen. Grins, Ziel erreicht, dachte ich. Wir gingen also zu dem Beratungsabend und fühlten uns mehr als beklommen, mit dem unbestimmten Gefühl, dort gar nicht hinzugehören. Nachdem wir uns eine halbe Stunde lang die Fragen des Ehepaares neben uns an die Frau des Vereines anhören mussten, die berichteten dass ihre Tochter bereits auf einen IQ von 124 getestet wurde und ob das denn auch vielleicht schon als hochbegabt bezeichnet werden könnte, musste ich meinen instinktiven Fluchtreflex

unterdrücken, um da zu bleiben. Wo waren wir denn hier gelandet? Waren wir etwa auch so peinlich wie die beiden? Dieses Paar eröffnete eine ganz neue Dimension von Fremdschämen. Sie bettelten quasi, dass ihr Kind als Hochbegabt tituliert werden durfte. Als wir endlich an der Reihe waren und ich ganz leise zugab, dass ich nicht sicher war, ob wir hier überhaupt richtig wären, ermunterte mich die Dame aber netterweise doch zum Erzählen. Ich berichtete von Ellas Schulnoten, wurde auch gleich noch zum „Underachiever" befragt, was bei Ella aber ja in keiner Weise zutreffend war und war dann nach 3 Minuten damit durch. Enttäuscht, dass Ella kein besonders beratungsbedürftiger Fall war, sagte uns die Dame dann nur, wir sollten bitte UNBEDINGT einen Test bei Ella durchführen lassen. Wir zögerten, sichtlich noch nicht überzeugt vom Sinn des Ganzen, woraufhin sie wieder nur sagte „Tun sie sich den Gefallen und lassen sie sie testen – sie werden schon sehen, was dabei herauskommt." und schaute uns bedeutungsschwer in die Augen. Oha, eine Antwort wie beim Orakel von Delphi (ist ja nicht so, dass ich keine Mythologie kenne). Einer der anwesenden Vereinsmitglieder gab uns noch einen Ratschlag mit auf den Weg, den ich erst viel später verstand. „Wenn einem das Ergebnis auch noch so unwahrscheinlich erscheint, der tatsächliche

IQ kann nie niedriger sein, als getestet, höchstens höher." Wir ließen uns dann doch die Adresse besagter Psychologin Frau Dr. H. geben, die auf Kinder und Jugendliche spezialisiert war. Wieder zuhause, waren wir auch nicht klüger als vorher, was die Klugheit unserer Tochter betraf, aber immerhin hatte ich die Adresse einer Psychologin ergattert, die uns vielleicht weiterhelfen konnte, was mir ja damals von der Kinderärztin strikt verweigert worden war. Ich liebe es, wenn ein Plan funktioniert…

Ella wusste inzwischen natürlich, dass es IQ Tests gab, wir hatten aber noch nicht weiter darüber geredet. Nach diesem Abend fragte ich sie ganz nebenbei, ob sie denn Lust hätte so einen Test zu machen. Ich hatte eigentlich erwartet „Och nee, dazu hab ich echt keinen Bock" – aber es kam anders. Sie überlegte kurz und stimmte dann zu. „Sie wolle jetzt doch endlich mal wissen, wie hoch ihr IQ denn nun wäre, nachdem Leonard sie immer fragen würde. Einfach mal so. Joah, mach ich, wann denn?" Als Jens hörte, dass sie es selber gerne wissen wollte, ließ sich auch mein Gutester überzeugen und meinte, dass er unter diesen Umständen wohl so einem Test zustimmen würde. „Aber nur, wenn es dein Wunsch ist und nicht, weil wir es möchten, ok?", versicherte er ihr mehrmals. Ich rief bei Frau Dr. H.

an und vereinbarte einen Termin für einen passenden Samstag in zwei Monaten.

Inzwischen war ich dann noch einmal Zeuge einer reifen akademischen Leistung von Ellas Klassenlehrer bei der fälligen Zeugniskonferenz. Sie war wieder Klassenbeste, mit neun Einsen und zwei Zweien, wobei die Zweien wieder in Kunst und Sport waren, also auf meiner persönlichen „Wichtigkeitsskala" ganz weit unten. Ihn beflügelten die beiden „schlechten" Zweien in Sport und Kunst dann dazu, zu murmeln „Ach guck an Ella, Pummelchen und kann nicht malen." So war er und solchen Humor hatte er, aber ich konnte gar nicht böse sein und musste lauthals lachen über diesen pädagogischen Insider.

DER TEST

Es kam der Samstag im Mai, an dem der Test stattfinden sollte. Da ich immer noch das unangenehme
Gefühl hatte, Dr. H. würde uns nach kurzer Lagebe-
sprechung freundlich aber bestimmt wieder aus
ihrer Praxis herauskomplimentieren, hatte ich mir
einen   Anti-Peinlichkeits-Schlachtplan   überlegt,
denn ich war mir immer noch nicht sicher, ob es von
Hochbegabung zeugte, wenn man den ganzen Tag
auf dem Bett lag und las. Ich hatte mich also im
Internet schlau gemacht, was die üblichen Indizien
der Hochbegabung betraf und schlug bewaffnet mit
zwei Seiten Notizen und Argumenten, warum wir
denn zu ihr kamen, bei Frau Doktor auf.

Ich hatte gelesen, man müsse sich z.B. dafür interessieren, WOFÜR das Kind begabt sei, also akade-
misch, künstlerisch-musisch, sozial oder sportlich,
man solle ein Begabungsprofil erstellen lassen und
weitere hochgestochene Phrasen.

Wenn ich ehrlich war, fühlte ich mich mit dieser
ganzen Schwallerei überfordert. Ich wollte eigentlich nur wissen, ob sie wirklich schlau war oder ob
es daran lag, dass ich sie immer zum Lernen aufforderte. Und ich wollte außerdem wissen, ob sie, wie
ich glaubte, „sprachlich gut" war. Oder ob wir sie
vielleicht mit allem überforderten, wie uns unsere

liebe Verwandtschaft immer und immer wieder vorwarf.

Wir stellten uns also alle drei bei Frau Dr. H. vor, wussten auch das dieser ganze Vormittag nur für Ellas Test reserviert war und ich holte meine Notizen hervor, die ja begründen sollten, warum wir vermuteten dass sie begabt sein könnte. Frau H. sagte daraufhin „Gut, Ella, wollen wir dann beginnen?" und ich war leicht irritiert. „Wollen Sie denn gar nicht wissen, warum wir überhaupt gekommen sind?" fragte ich. „Nein das ist nicht nötig, der IQ-Verein schickt sie ja nicht unbegründet zu mir und jetzt schauen wir einfach mal." Die wollte gar nichts von meinen Notizen wissen! Irre…

Sie erklärte uns sehr nett den Ablauf, wo unser Warteraum, Getränke und Toiletten waren und nahm Ella dann mit zum ersten Teil des Testes. Dieser Teil konnte wohl angeblich bis zu einer Stunde dauern. Wir warteten also im mediterranen Feng Shui Wartezimmer und versuchten trotz unserer erstarrten Wartehaltung die Logikspiele auf dem Tisch zu lösen. Wir waren gerade noch dabei die Plastikautos des ersten Levels hin und her zu schieben, als Ella und Frau H. wiederkamen, nach viel zu frühen 20 Minuten. „Oh, schon fertig? (…schon durchgefallen???)" „Ja, sie kann sich jetzt 5 Minuten ausruhen und dann geht es weiter." Von Ausruhen konnte keine Rede sein, so wie wir sie mit Fragen bombardierten, wie es denn gelaufen sei. Aber mehr als „War okay" bekommt aus einem Teenie bekanntlich nicht heraus. Dann musste sie auch schon zu den nächsten Tests. Ich war mir da dann schon ziemlich sicher, dass es nichts Gutes bedeuten konnte, dass sie so schnell mit dem ersten Test fertig gewesen war. Aber war ja auch in Ordnung, so wurden wir wenigsten schon vorsichtig auf das Ergebnis vorbereitet. Nach den letzten Tests brauchte Frau H. noch eine Weile zur Auswertung und Ella konnte sich ausruhen.

Nach einer Weile durften wir dann mit ins Sprechzimmer zurück und uns an den von bunten Holzklötzen, Spielautos, Geduldsspielen und entspannenden Grünpflanzen umgebenen Beratungstisch setzen. Es wurde uns dann zuerst erklärt, welche verschiedenen Tests an Ella durchgeführt worden waren, eine „Testdiagnostische Untersuchung zur Überprüfung der Begabung. Dabei ging es zum einen um die Festlegung der Begabungshöhe und zum anderen um das Erkennen von Begabungsschwerpunkten bzw. die Überprüfung der Begabungsstruktur." Alles klar, schön gesagt. Sie erklärte uns dann, dass der Test in Prozentangaben bewertet wurde, was mir allerdings gar nicht viel sagte, da ich immer nur gelesen hatte das man von 111 bis

120 als überdurchschnittlich intelligent, von 121 bis 130 als hochintelligent und ab 130 als hochbegabt galt. Nix mit Prozenten.

Sie zeigte Ella also ein Diagramm mit einer 50% Linie in der Mitte und fragte dann: „Ella wenn hier die 50% Linie ist, in welchem Bereich würdest du dich selber z.B. in Mathe einschätzen?" Ella erzählte mir später, dass sie in diesem Moment inständig gehofft hatte, wenigstens die 50% Marke in Mathe erreicht zu haben, wollte aber nicht zu überheblich erscheinen und zeigte auf den Bereich links unterhalb von 50%. Woraufhin Frau H. einen Moment schwieg und dann sagte:„Tja da muss ich dich enttäuschen… (ich habe heute leider kein Foto für dich)..." Laut Ella sackte ihr in diesem Moment das Herz in die Hose, „…Aber du liegst hier" und zeigte auf 99%. Da wir sie verständnislos ansahen, erklärte sie uns noch weiter „Prozentrang 99 bedeutet, dass man intelligenter ist als 99 % der gleichaltrigen Bevölkerung, und es gibt in diesen Tests niemals 100%, es geht nur bis (größer als) >99 und dort, Ella, befindest du dich auch im Gesamtergebnis."

Jens und ich sahen uns unsicher an und wussten nicht was wir von der Sache halten sollten, wie beim Anblick einer amerikanischen Torte: Sieht die nur so gut aus oder schmeckt die auch so?

Ich war dann ganz mutig und bat Frau H., mir zu erklären bei welchem „Wert" sich Ella denn nun beim Intelligenzquotienten befinden würde. Sie lächelte und erklärte es uns. „Ab 130 bis 135 spricht man von Hochbegabung und bei 136 bis 145 spricht man von Höchstbegabung – höher als 145 wird in diesem Test nicht gemessen, weil das Ergebnis zu ungenau wäre. Und du Ella, befindest dich in diesem Bereich, zwischen 136 und 145."

…

Sprachlose Stille.

Schockstarre.

Ellas Augen waren groß wie Teetassen.

Schockstarre weicht langsam einem warmen, wuschigen Gefühl.

Atmung beginnt wieder…

Bloß nichts anmerken lassen.

Langsam wurde ich wieder aufnahmebereit und hörte, wie Frau H. uns nun noch über Ellas Fähigkeiten und Chancen erzählte und wie Ella sich weiter verhalten könnte, im Prinzip einfach mal alles auszuprobieren, wozu sie Lust hätte um ihr volles Potenzial auszuschöpfen usw. usw. Das schönste, was sie am Schluss noch sagte, war „Ella, das hier kann dir niemand mehr nehmen, es wird für immer in dir sein, DAS BIST DU." Mir trieb es die Tränen in die Augen und diesen Satz werde ich nie wieder vergessen.

Wir verabschiedeten uns dann irgendwann, alle noch wie im Trance und gingen auf die Straße. Gingen die Straße weiter entlang und jetzt konnte ich nicht mehr an mich halten und sprang mit Ella wild auf der Straße auf und ab vor Freude. Wir liefen zu einem Spielplatz in der Nähe und setzten uns in die Sonne und redeten alle drei auf einmal aufeinander ein vor Aufregung. Was für ein Tag!

Auch an den folgenden Tagen schwebte ich noch wie auf einer Wolke und jedes Mal wenn ich Ella ansah merkte ich, dass es ihr auch so ging. Allein für dieses schöne Gefühl, welches Ella nun beflügelte, hatte sich der verflixte Test schon gelohnt, den wir jahrelang vor uns her geschoben hatten. Ich konnte es eigentlich überhaupt nicht glauben und glaube es auch heute insgeheim oft noch nicht ganz, aber dann dachte ich an den Satz des Mannes „Wenn einem das Ergebnis auch noch so unwahrscheinlich erscheint, der tatsächliche IQ kann nie niedriger sein, als getestet…"

Mehr und mehr Dinge machten plötzlich einen Sinn, auch für Ella selber.

Später bekamen wir dann noch die schriftliche Stellungnahme von Frau H., die mich persönlich unendlich erleichterte. Die gute Frau H. hatte mir eine wirksame Waffe in die Hand gegeben, mit der ich mich gegen die Fragen und Andeutungen der Anderen wehren konnte, die nicht verstanden, was wir Ella alles „zumuteten". Endlich hatte ich schriftlich, was ich schon lange insgeheim vermutet hatte. Ich überforderte sie durchaus nicht, sondern sie brauchte so etwas. „Damit Ella eine ausgeglichene Persönlichkeitsentwicklung nehmen kann, ist es für sie erforderlich, ihr nun Angebote und Aufgaben zu stellen durch die sie lernt ihr Selbstvertrauen und ihre Fähigkeiten zu entwickeln... Der Besuch eines Gymnasiums mit Zusatzangeboten, Teilnahme an Arbeitsgemeinschaften und Wettbewerben zur speziellen Förderung von Schülern mit besonderen Begabungen ist für Ellas weitere schulische Entwicklung richtig...Sie braucht immer wieder Herausforderungen...damit sie lernt sich Motivation und Freude am Lernen zu erhalten..."

Richtig, richtig, richtig, alles gut, alles richtig gemacht!

Man kann sich das vielleicht nicht vorstellen, wie erleichtert ich war, zu erfahren, dass ich Ella nicht überfordert hatte. Jedes Mal wenn ich meinen Eltern wieder von einer Eins in einer Mathearbeit oder einer Lateinarbeit erzählte, was ja ständig vorkam, war es für meine Eltern wahrscheinlich überhaupt nicht greifbar oder vorstellbar, dass man so gut sein konnte, ohne mit der Peitsche dazu getrieben worden zu sein. „Mensch, überfordert ihr sie denn auch nicht mit dem Ganzen?" Und sie konnten auch nicht anders, als mich immer wieder zu warnen „dass das ja aber nicht ewig so weitergehen wird, irgendwann schreibt sie mal schlechtere Noten." Ja klar, natürlich, vielleicht, aber darum kümmerte ich mich jetzt ja noch nicht. Auch Oma Else war immer recht sparsam mit ihren Kommentaren, bei der Flut von super Noten. Meiner Schwägerin Melanie, Jens' Schwester erzählten wir meistens gar nicht erst von Ellas schulischen Erfolgen. Jens meinte, dass er sie nicht unter Druck setzen wolle, denn sie hatten einen gleichaltrigen Sohn, Ellas Cousin Tim. Tim war ein normaler Durchschnitts-Schüler, so wie wir alle in unserer Familie es gewesen waren. Er oder seine Eltern sollten kein schlechtes Gefühl haben. Es ist jetzt auch schwer, in Worte zu fassen, warum wir es nicht erzählten. Wir hatten also jahrelang Rücksicht genommen, auf die Gefühle der Anderen.

NACH DEM TEST

Liebe Leser/- und Leserinnen, also liebe Lesenden (nein, dann wäre ja Singular von Lebenden – Leber) Also liebe Leserschaft, (so passt`s), wenn sie nun schon bis hierher durchgehalten haben, sollten sie auch noch weiterlesen. Jetzt fingen unsere, und speziell meine Probleme erst an…
Wir durften es keinem erzählen!
…Wollte Jens so.
Ella würde sonst nur noch mehr Probleme mit Neid und Missgunst bekommen, meinte er. Man machte sich mit so etwas nicht unbedingt Freunde. Außerdem würden Leute sie vielleicht als andersartig, als „Nerd" oder sonst wie einstufen. Big Bang Theorie lässt grüßen. Die Lehrer würden dann vielleicht zu viel von ihr erwarten oder ihre Leistungen gar nicht mehr würdigen und und und… Jens hätte es am liebsten gehabt, dass wir es überhaupt niemandem erzählt hätten – nie. Ich fand das ganz unglaublich. Es fühlte sich an, als hätten wir ein grausames Familiengeheimnis, einen Fall von unentdeckter Schizophrenie, den Lottojackpot geknackt oder sogar freiwillig die AfD gewählt – was man ja alles auch tunlichst niemandem erzählen sollte. Ich wollte keinen Ärger mit ihm, vielleicht hatte er auch Recht,

deswegen respektierten Ella und ich seinen Wunsch.

Bis auf eine Ausnahme. Ich ließ mir von ihm nicht verbieten, es meinen eigenen Eltern zu erzählen. Sie sollten und mussten doch wissen, dass ihr einziges Enkelkind hochbegabt war. Als sie uns das nächste Mal besuchten, erzählte ich es ihnen, auch wenn Jens dabei das Gesicht verzog. Sie nahmen es besser auf, als ich dachte und hörten sich alles genau an. Aber auch sie wurden von Jens dazu verdonnert, es nicht weiter zu erzählen. Meiner Meinung nach grenzte das jetzt aber schon an seelische Grausamkeit. Das muss man sich einmal vorstellen, dass eine Oma so etwas erfährt und darf es niemanden weitersagen. Nicht einmal Beate – nein. Nicht einmal Horst – nein. Auch nicht Angelika ? NEIN.

Es war nicht schön. Es war auch einer der Gründe, warum dieses Buch entstand.

Wenigstens meinen Eltern gegenüber fühlte ich mich nun aber bedeutend besser. Mit dem schriftlichen Testergebnis hatte ich nun eine Waffe mit enormer Fire Power zur Selbstverteidigung in der Hand gegen die Vorwürfe, ihr zu viel zu zumuten. Ella ging schon seit sie sieben Jahre alt war, einmal pro Woche zum Taekwondo, manchmal auch ein Halbjahr lang zweimal die Woche. Dazu kam dann zwei Sommer lang die Segel-AG eineinhalb Stunden einmal pro Woche und seit neuestem auch der Cello Unterricht einmal pro Woche. Die Segel-AG war dann irgendwann mit der ersten Segel Prüfung beendet. Sie war also immer an zwei bis drei Nachmittagen beschäftigt, was die Familie als zu viel empfand. Ella empfand es aber nie als zu viel, sie musste auch nie z.B. abends nach ihren Aktivitäten noch Hausaufgaben machen oder für die Schule lernen, weil sie das meistens schon während der Schulstunden erledigte. Und das war erst der Anfang der Aktivitäten. Aber ich konnte es jetzt ja entschuldigen und erklären, warum wir ihr so viele Aktivitäten aufbrummten.

Das Erste, was wir nun machten, wir meldeten Ella bei Mensa an. Das musste einfach sein. Mensa ist ein Verein, dem nur beitreten kann, wer einen IQ über 130 hat. Schlicht und ergreifend. Und bitte jetzt nicht vorschnell über den Sinn eines solchen Vereines urteilen, sondern sich zuerst schlau-googeln wieso und warum. Ella war jedenfalls richtig stolz, dort Mitglied zu werden, wo weder ihre neunmalkluge Mama noch ihr bewunderter Papa Mitglied werden konnten. Mensa wollte nun eine beglaubigte Kopie von Ellas Test haben, was nicht so einfach war, bedenkt man, dass niemand vom Ergebnis des Testes wissen durfte und ich auch nicht unnötig Geld dafür beim Notar lassen wollte. Also ging ich notgedrungen zur Kirchengemeinde, die auch Kopien beglaubigen durften. Und natürlich las sich die nette Dame der Gemeinde durch, was sie da kopierte (…ja geht's denn noch???). Als sie uns dann die Papiere zurückgab, konnte sie sich nicht verkneifen Ella anzusprechen „Du Ärmste, warst zu gut und MUSSTEST dann so einen Test machen?" Ella war genauso baff wie ich über diese dreiste Einmischung und auch völlig falsche Einschätzung der Situation. Hier war es also schon gleich passiert, was Jens wohl verhindern wollte. Die Leute hatten ein komplett falsches Bild von der ganzen Hochbegabungs-Geschichte. Erst als ich wieder draußen war, fiel mir die passende Antwort ein, die gewesen wäre „Nein sie ist stolz darauf und überhaupt schaffen nur ein Prozent der Bevölkerung diesen Test, du olle Schnepfe!"

Als nächstes überlegten Ella und ich uns eine passende Universal-Antwort, wenn sie wieder einmal auf ihren „IQ" angesprochen werden würde, nicht nur von Gleichaltrigen sondern auch von Lehrern. Sie sollte ja nicht lügen, also musste sie ausweichend antworten. Die Antwort hatte sie dann auch immer parat.

Ella hatte sich auf dem Gymnasium damals anfänglich schnell einen neuen Freundeskreis zugelegt und ich war eines Tages bei Anna, der Mutter ihrer neuen besten Freundin Maja zum Tee trinken. Anna war von allen Berufen ausgerechnet Kinderpsychologin und ein ehrlicher und echt netter Mensch. Sie kam natürlich irgendwann darauf zu sprechen, denn wir waren uns beide einig, dass wir glücklich waren, dass unsere Töchter in einer Klasse mit einer ausgesprochen freundlichen und harmonischen Stimmung gelandet waren. Anna bemerkte dann: „Es ist aber auch echt erstaunlich, dass das so gut geht in der Klasse mit Ella, dass die das alle so hinnehmen…?" Uhmpf, kurze peinlich Pause meinerseits auf ihre taktvollerweise unausgesprochene Frage. „Jaaha, bin ich auch froh drüber. Kann ich noch eine Tasse Tee haben?" Sie merkte sofort mein Zögern darüber zu sprechen und wir redeten über Anderes. Wie gerne hätte ich mal mit dieser „Fachfrau" über unsere Situation gesprochen!

GYMNASIUM SIEBTE KLASSE

Ende der sechsten Klasse hatte Ella von Herrn B., der alle Orchester leitete, ein sogenanntes Ticket bekommen. Er erklärte ihr und allen anderen, dass es für sehr gute Leistungen im kleinen Orchester vergeben würde und erlaube, dass sie ab der siebten Klasse schon im großen Orchester mitspielen dürfe, was, wenn überhaupt, eigentlich erst ein Jahr später möglich wäre. Allerdings unter der Voraussetzung, dass sie auch weiterhin bis zum Ende noch im kleinen Orchester mitspielte. Oha, das gab ihr wieder einen guten Motivationsschub, denn eigentlich übte sie leider zuhause überhaupt kein Cello mehr. Sie wollte, wohl weil wir öfter schon von einem früheren Freund erzählt hatten, der einige richtig coole Sachen mit dem Saxophon gespielt hatte, gerne Saxophon ausprobieren. Also schenkte ich ihr und Jens einen Saxophon Anfänger Kurs an der Volkshochschule, sieben Mal freitags nachmittags. Auch hier zeigte es sich wieder, dass sie anders tickte. Jens mühte sich mehr schlecht als recht ab, die Töne durch das Gerät zu drücken während Ella schon flüssig die Noten ablas und Pink Panther spielte. Flinke Koordination von Auge-Gehirn-Hand. Jens war langsam ehrlich neidisch. Er hatte angefangen sich selber Noten beizubringen und wir hatten uns ein gebrauchtes Klavier gekauft, auf dem er versuchen wollte Ella am Cello zu begleiten. Er wollte gerne etwas Gemeinsames mit ihr machen und fand das Musizieren da wunderbar geeignet war. Und ich fand, man kann ja auch so toll damit angeben, wenn man sagt „wir musizieren zusammen." Hehe. Nur war seine Tochter nicht für ihn geeignet, sie spielte ihm quasi einfach davon, egal auf welchem Instrument. Auf dem Klavier spielte sie auswendig alle Lieder, die sie auf dem Cello spielte, ohne zu üben, was er schon sehr frustrierend empfand, aber jetzt auch noch auf dem Saxophon.

Im Laufe der letzten (sechsten) Klasse hatte ihre damalige Englisch Lehrerin Frau B. bemerkt, dass Ella im Englischen schon viel weiter war, als der Rest der Klasse. Ella hatte es mir auch schon öfter erzählt, dass der Englischunterricht echt langweilig wäre, obwohl Englisch ihr absolutes Lieblingsfach war. Ermutigt von ihrem Testergebnis, was mir ja nun auch offiziell erlaubte, so richtig wild drauflos zu helikoptern, bat ich um ein Gespräch mit Frau B. Allerdings sollten die Lehrer ja nichts von der Hochbegabung erfahren, wodurch so ein Gespräch nicht gerade leichter wurde. Jens war auch dabei und wir mussten ganz schön um den heißen Brei herumreden. Frau B. hatte sich auch schon erkundigt und schlug uns vor, Ella beim Englischunterricht in der nächsthöheren Klasse teilnehmen zu lassen. Das nannte sich „Pull-out Verfahren", weil die Kids aus dem aktuellen Unterricht rausgezogen wurden. Im Prinzip hätte sie auch seit dem ersten Zeugnis auf dem Gymnasium die Klasse überspringen können. Ich glaube, allen Schülern, die oberhalb eines Zweier-Zeugnis-Durchschnittes liegen, wird angeboten die Klasse zu überspringen. Das kam für sie aber ja überhaupt nicht in Frage, sie liebte ihre Klasse über alles. Das war die eine Sache, in der Jens und ich uns schon immer komplett einig gewesen waren. Wir würden sie niemals dazu überreden, eine Klasse zu überspringen, wenn sie es nicht selber wollte. Ich fand die Schulzeit und das soziale Leben und Erleben mit ihren Freunden viel zu wichtig, auch als schöne Erinnerung für das ganze spätere Leben, als dass ich sie da herausreißen würde. Sie sollte eine glückliche Jugend haben, dafür wollte ich immer alles in meiner Macht stehende tun. Flap Flap.

Ella nahm nun also in der höheren Klasse am Englischunterricht teil, was z.T. während einer Englisch-, aber auch während einer Chemiestunde stattfand. Sie musste einen Vertrag mit den Fachlehrern unterschreiben, in dem sie sich verpflichtete den Unterrichtsausfall, in diesem Fall in Chemie, selbstständig aufzuholen, was ihr aber auch gut gelang.

Im Herbst las ich durch Zufall vom „Bundeswettbewerb Fremdsprachen" und zeigte Ella deren
Homepage. Man musste ein zwei minütiges Video
zu einem vorgegebenen Thema in einer Fremdsprache drehen und dort einreichen bis Januar. Später
käme dann noch ein schriftlicher Test. Sie hatte im
Prinzip Interesse daran, es war aber erst ab der achten Klasse möglich sich dort als Solo Teilnehmer
anzumelden. Ich mag es ja gar nicht gestehen, aber
ich nahm tatsächlich Kontakt auf mit dem Bundes-
beauftragten des Fremdsprachen Wettbewerbes und
erklärte ihm die Situation. Ella wäre erst in der siebten Klasse, würde aber seit kurzem im Pull Out
Verfahren schon in der achten Klasse am Englisch
Unterricht teilnehmen. Könnte sie unter diesen Vo-
raussetzungen trotzdem in diesem Jahr schon am
Wettbewerb teilnehmen? Er erkundigte sich daraufhin bei seinem Forum und der Jury und gab dann
die Erlaubnis, quasi eine Sondergenehmigung. Supi,
ich liebe es wenn ein Plan funktioniert. Da musste
sich Ella nur noch bequemen, ein Video zu fabrizie-
ren, mit Handy, Tablet oder Camcorder. Ja, sie wolle es gleich am Wochenende anfangen. Diesen Satz
hörte ich dann jedes Mal, wenn ich sie aufforderte,
mit dem Video anzufangen. Den ganzen Herbst
hindurch, jedes Wochenende hörte ich den Satz.
Anfang Januar ließ sie sich dann endlich dazu brin-

gen, mit der Arbeit zu beginnen. Sie konnte wohl auch nicht mehr ignorieren, dass ihre Mutter inzwischen schon wie Rumpelstilzchen vor Ungeduld auf und ab sprang und kurz vor einem Anfall stand, wenn sie nicht endlich beginnen würde. Der eigentliche Videodreh dauerte dann nur ungefähr fünfzehn Minuten und die Sache war im Kasten. Nach MONATEN des vor-sich-hinschiebens! Das Video wurde also gerade noch rechtzeitig eingereicht und zwei Wochen später fand auch der schriftliche Test an ihrer Schule statt. Danach hieß es bis ungefähr April auf die Ergebnisse zu warten.

In diesem Winter bekam sie von uns das ultimative Geschenk für Hochbegabte zu Weihnachten. Ein Ding, welches ich immer zwangsweise mit dem Thema Hochbegabung in Verbindung gebracht hatte und ich konnte auch Oma und Opa davon überzeugen, was für ein wunderbares Geschenk es doch wäre. Da könne sie sich auch mal mit etwas anderem beschäftigen als immer nur zu lesen, sogar wenn sie alleine wäre. Sie bekam also einen Schachcomputer geschenkt. Er wurde ausgepackt, ein paar Mal über Weihnachten ausprobiert und gesellte sich dann später zum Chemiekasten und Mikroskop…

Nach kurzer Zeit im Englischunterricht der höheren Klasse merkte sie, dass es auch dort noch zu langweilig war. Wir versuchten jetzt, sie während ihres regulären Englisch Unterrichtes stattdessen im Französischunterricht unterzubringen, aber das wollte vom Stundenplan her nicht gut klappen, weswegen es dann auch langsam im Sande verlief.

Nachdem die Segel-AG beendet war, hatte sie sich für die AG „Jugend forscht" entschieden. Naja, sagen wir mal so, ich konnte sie davon überzeugen, dass man als Hochbegabte ja schon eine gesellschaftliche Verpflichtung dazu hätte, bei „Jugend forscht" mitzumachen, es würde quasi von einem erwartet. So zumindest stellte ich es mir vor, genau wie mit dem Chemiekasten, dem Mikroskop und dem Schachcomputer. Von der Schule wurde es natürlich gerne gesehen, wenn sich auch Mädchen endlich einmal mehr für die Naturwissenschaften interessierten. Zur gleichen Zeit hatte sie auch mit dem Singen im Theaterchor angefangen und im Schulchor sang sie ja sowieso. Mit dem Taekwondo hatte sie allerdings aufhören müssen, weil der Trainer aus Gesundheitsgründen aufgehört hatte.

In der siebten Klasse hatte sie also, außerhalb des regulären Stundenplanes: Montags kleines Orchester, danach Cello Unterricht, dienstags Jugend forscht, donnerstags Chor und Theaterchor, freitags großes Orchester.

Alles bis auf den Theaterchor fand immer in der Schule, direkt an den Unterricht anschließend, statt und jeweils immer nur zwischen fünfundvierzig Minuten und eineinhalb Stunden, also war nie der ganze Nachmittag weg. Sie war immer gegen fünfzehn Uhr zuhause. Es war aber für die Verwandtschaft, die ja auch noch immer von den Einsen in den Klassenarbeiten hörten, wohl doch gefühlt mehr, als man dem Mädel zumuten sollte. Ich bekam dann nämlich zu hören, dass Ella sich ja bestimmt auf die Ferien freuen würde, weil sie sich dann von dem ganzen Schulstress und der Lernerei erholen könne. Diese Bemerkungen trafen natürlich immer direkt ins Ziel meiner früheren Selbstzweifel. Inzwischen wussten wir aber ja, dass ihr das Alles absolut leicht fiel, nur wussten die Leute ja nichts von der Hochbegabung. Ich kam mir manchmal mehr als mies vor, wie eine üble, ehrgeizige Übermutter und konnte mich nicht gegen die versteckten Vorwürfe wehren. Es half auch nichts zu erwähnen, dass sie durch ihre ganzen Engagements aber auch richtig tolle Sachen erlebte, wie zum Beispiel zweimal im Jahr die dreitägigen Chorfahrten, welche die Kids so sehr liebten, dass sie alleine deswegen schon im Chor mitsangen, sogar die Jungen. Sie wurde durch ihre Teilnahme an „Jugend forscht" in diesem Frühjahr auch als Einzige ihrer ganzen Schule zu einer Arbeitsgruppe einer anderen Schule an der Ostsee zu einem Forschungs-Camp eingeladen.

Diese schulischen „Freizeiten" wurden natürlich überhaupt nicht berücksichtigt von den ewig zweifelnden Verwandten und Freunden. Es war wirklich verdammt schwer, sich immer und immer wieder vorwerfen zu lassen, wie sehr man sein Kind überanstrengen würde, unsere Motive wurden von allen ständig hinterfragt, niemand gab sich die Mühe, hinter die Fassade zu schauen.

In der Schule lief trotzdem alles gut, bis auf einen einzigen Vorfall, zumindest war es der einzige, von dem sie je erzählt hatte. Sie stand auf Chorfahrt in der dortigen Kantine in der Essensschlange und zwei Mädchen aus der Parallelklasse, die Ella insgeheim „die Zicken" nannte, sie in durchaus mobbingfähigem Ton fragten, ob es stimmen würde, dass sie „Alles nur Einsen" schreiben würde. Ella war seit dem Test um einiges selbstbewusster geworden und verteidigte sich besser als früher. Sie gab den beiden eine freche Antwort und hat seitdem auch nichts mehr von den beiden gehört. Am liebsten hätte ich aber trotzdem „mal ein Wörtchen" mit den beiden geredet, um Ella vor weiteren Anfeindungen zu bewahren. Es ist wie eine Zwangsneurose für mich, sie zu beschützen. So heißt das doch, wenn man etwas immer machen muss, obwohl man es gar nicht will, wie zum Beispiel dem Fahrer im Nebenauto beim Popeln zuzuschauen.

Wir waren also wieder einmal richtig froh, dass es bei ihr in der Klasse nicht solche neidischen Kommentare gab und sahen uns wieder darin bestätigt, sie nicht überspringen zu lassen.

Den diesjährigen Zukunftstag wollte Ella mit Maja zusammen bei Majas Vater in der Praxis verbringen, ohne Drogenausstellung, er ist Kardiologe und seine Waffe ist die Ultraschallsonde. Dem konnte ich natürlich nur zustimmen. Ella hatte schon seit einiger Zeit die Idee, später Medizin zu studieren. Sie hatte von uns gehört, dass man sehr gute Noten haben musste, um Medizin studieren zu dürfen, deswegen dachte sie wohl, es wäre ein Ziel, auf das man hinarbeiten könnte. Jedenfalls möchte sie seit diesem Tag nun Kardiologin werden. Ich muss sagen, es gibt durchaus schlimmere Berufswünsche.

Im April bekamen wir dann eine E-Mail vom Beauftragten für den Bundeswettbewerb Fremdsprachen. Er fragte, ob er Ellas Video bei der Veranstaltung der Siegerehrung auf Landesebene, die in diesem Jahr für Niedersachsen in Lingen stattfand, vorführen dürfe. Natürlich erlaubten wir es, war Ella doch super stolz darauf. Wir wunderten uns, warum er ihr Video zeigen wollte. Ein paar Tage später bekam sie eine Einladung zu besagter Siegerehrung. Spätesten dann war uns bewusst, dass sie einen Preis gewonnen haben musste, weil dort nur dritte, zweite und erste Sieger eingeladen wurden. Am Tag der Veranstaltung erschienen wir pünktlich und nahmen im Publikum Platz. Als erstes wurden die üblichen Reden gehalten und dann wurde Ellas Video als Beispiel, wie wir dachten, gezeigt. Nachdem dann zuerst einige dritte und einige zweite Plätze verliehen wurden, wurde Ella sichtlich sehr nervös. Sie war ja nicht blöde (ach nee...) und konnte sich ausrechnen, was das bedeutete. Es gab dann zwei erste Plätze (es geht dabei nach erreichten Punktzahlen). Den ersten aufgerufenen ersten Preis bekam ein Junge aus einer zehnten Klasse. Den anderen ersten Preis bekam Ella. Sie war die Beste! Deswegen war auch ihr Video gezeigt worden. Wir freuten uns alle drei ganz unbeschreiblich. Endlich wurde ihre gute Leistung einmal gewürdigt und sie brauchte sich nicht zu verstecken. Später irgendwann bedankte sie sich bei mir, dass ich sie dazu angehalten hatte, damals anfänglich doch das Video einzureichen. Das wiederum war für mich eine Belohnung und ich musste mich endlich einmal nicht schämen, dass ich sie immer vorwärts schubste.

In diesem Frühjahr ließ Ella dann auch die Katze aus dem Sack. Zumindest ließ sie sie herausgucken. Sie sollten in der Schule Knobelaufgaben lösen und eine dieser Aufgaben wollte ihr nicht gelingen, sie bekam die Antwort nicht raus. Sie verzweifelte fast daran und war den Tränen nahe, wie sie mir später erzählte. Maja, die neben ihr saß fragte, warum es denn so schlimm wäre, dass Ella die Aufgabe nicht lösen könne, worauf es Ella rausrutschte „Aber ich bin hochbegabt, ich MUSS sowas können!" Wie sie sagte, war es ihr in dem Moment „Schei…egal" dass sie sich gerade verraten hatte. Maja nahm die Aussage auch ganz einfach hin und meinte nur, dass wüsste sie schon lange und es wäre ja aber nicht schlimm, wenn es mal nicht klappte. Tolles Mädchen, tolle Reaktion. Ella und ich beschlossen dann, es Jens nicht zu erzählen, dass Ella sich „verplappert" hatte.

Im folgenden Zeugnis Ende der siebten Klasse hatte sie dann endlich auch das Ziel erreicht, dass sie sich, wie sie mir dann erzählte, heimlich gesteckt hatte. Einen Zeugnisdurchschnitt von 1,0 inklusive Kunst, inklusive Sport! Hammer!

GYMNASIUM ACHTE KLASSE

Es kam die achte Klasse und eigentlich hätte sie nun nicht mehr auch noch zusätzlich im kleinen Orchester mitspielen müssen, sie hatte aber Lust dazu, den „Kleinen" weiterhin zu helfen. Sie fragte Herrn B., ob sie nicht auch weiterhin freiwillig im kleinen Orchester mitspielen könne. Er sagte „Da wird Frau J. (die inzwischen das kleine Orchester leitete) sich aber freuen, die schlägt ´nen Purzelbaum." Soviel dazu, dass wir sie mit ihren Aktivitäten überfordern würden, wenn sie sich doch freiwillig mehr suchte.

Jetzt war es inzwischen soweit, dass sie durch die erfolgreiche Teilnahme am Fremdsprachenwettbewerb auch in ein anderes Projekt reingerutscht war. Sie wurde gefragt, ob sie beim EU Projekt HERA mitmachen möchte, in dem die Universitäten der Städte Oldenburg, Sheffield, Utrecht und Stockholm zusammen mit Schulen der jeweiligen Orte an einem Projekt mit dem Thema „Intoxicating Spaces" arbeiten. Die Ergebnisse des Projektes werden nach diversen Tagungen und Workshops in circa einem Jahr in Groningen gemeinsam vorgetragen. Da die europäische Zusammenarbeit natürlich auf Englisch stattfinden wird, wurden wohl nur begabte Schüler mit guten Englischkenntnissen ausgewählt. Ella ist auch die jüngste Teilnehmerin. Das Projekt findet montags während der regulären Schulstunden statt und Ella hat dadurch natürlich Ausfälle, im Moment fällt eine Stunde Politik/Wirtschaft deswegen aus, aber das nimmt sie gerne in Kauf für die Ehre, bei dem Projekt dabei zu sein. Ich hoffe, durch die Teilnahme an den verschiedenen AGs, Wettbewerben und Projekten bekommt sie eine größere Übersicht über ihre Möglichkeiten und über verschiedene Wege, die sie einschlagen könnte, denn können kann sie es, wie wir ja wissen, nur wollen muss sie es auch.

Auch wenn wir versucht haben ihre Hochbegabung zu verheimlichen, ist es inzwischen wahrscheinlich doch offensichtlich geworden. Ella erzählte mir neulich, dass es eigentlich inzwischen alle in ihrer Klasse wüssten, dass sie hochbegabt ist. Es muss wohl irgendwie durchgesickert sein und sie redet inzwischen auch schon etwas offener darüber. Bisher geht noch alles gut, meistens jedenfalls. Es gibt auch Situationen wie die, in der Ella im Religionsunterricht etwas aufschrieb, während die Lehrerin vorne erzählte. Die Lehrerin sagte deswegen „Ella, so geht das nicht, auch wenn du begabt bist, kannst du das nicht machen (schreiben)." Dies sagte sie vor der ganzen kombinierten Klasse, die in diesem Fall auch aus den Religionsschülern der anderen achten Klassen bestand. Es war Ella extrem unangenehm dort so vorgeführt zu werden, da die Schüler der anderen Klassen eigentlich bisher nichts davon wussten und auch nichts davon wissen sollten. Wenn da von Begabung gesprochen werden sollte, dann vielleicht eher von der fehlenden pädagogischen Begabung dieser Lehrkraft.

Jetzt in der achten Klasse nimmt sie wieder am nächsten Fremdsprachenwettbewerb teil, durch die AG Jugend forscht nimmt sie auch dort mit ihrer Gruppe an einem Wettbewerb teil und da sie als Wahlpflichtfach Naturwissenschaften gewählt hat, gibt es auch dort schulische Wettbewerbe und natürlich noch das HERA Projekt. Sie ist also in Richtung Fremdsprachen und Naturwissenschaften in der Schule schön engagiert und ich werde auch weiterhin alles in meiner Macht stehende tun, um sie aktiv auf ihrem Weg zu begleiten.

Ich glaube, wir haben es tatsächlich geschafft, dass sie durch ihre eigenen Leistungen Aufmerksamkeit erhalten hat und nicht dadurch, dass wir ihre Hochbegabung quasi durch ein „Coming Out" herausposaunt hätten. In diesem Fall hat Jens wohl Recht behalten. Für mich persönlich ist es aber immer noch sehr schwierig, nicht offen über Ellas Situation reden zu können, wegen der Angst, in unserer Umwelt negative Gefühle und Aktionen hervorzurufen.

ABSCHLIESSENDE GEDANKEN

Um meine Frage „Haben Helikoptermütter und Hochbegabung miteinander zu tun?" zu beantworten, ich weiß es immer noch nicht, aber ich glaube, nicht. Die Situationen, in denen ich helikoptert habe, hatten nichts mit Intelligenzentwicklung zu tun. Es war vielleicht sogar hinderlich, weil ich alles für meine Tochter erledigt habe und sie nicht wirklich selber glänzen konnte. Vielleicht hätten wir ansonsten eher entdeckt, dass sie begabt ist.

Hätte ich vielleicht alles anders machen sollen, hätten wir sie die erste Klasse überspringen lassen sollen? Befände sie sich dann jetzt in einer für sie besseren, glücklicheren oder sinnvolleren Situation? Hätten wir den Test eher machen sollen, um mit der so gewonnenen Information mit mehr Selbstbewusstsein unserer Umwelt, den Verwandten und Lehrern entgegentreten zu können?

Hätten wir sie dann letztendlich aufgrund der Testergebnisse Klassen überspringen lassen sollen? Sie wäre dann nicht in dieser Klasse, in der sie sich so wohl fühlt, vielleicht sogar in einer negativen, gehässigeren Umgebung. Sie würde dann zwar bedeutend eher ihr Abi absolvieren und würde wohl eher einmal an ihre Grenzen kommen, weil nicht alles immer so einfach wäre. Vielleicht würden sie diese

Herausforderungen dann auch motivieren, noch mehr zu leisten. Sie hätte vielleicht noch bessere Noten, würde an noch mehr Wettbewerben teilnehmen, wäre vielleicht ein wirkliches „Wunderkind" geworden. Wäre das besser für meine Tochter gewesen?

Ich bin froh, dass sie jetzt glücklich und zufrieden ist. Ich denke, die Antwort auf meine Fragen hängt immer mit der speziellen Persönlichkeit zusammen, um die es geht. Es gibt bestimmt eine Großzahl an Hochbegabten, die echte Underachiever sind und dadurch unglücklich in ihrer Situation. Diesen sollte man vielleicht, nach reiflicher Überlegung, einen anderen Weg vorschlagen, sie zum Beispiel Klassen überspringen lassen. Ella allerdings ist, entgegen aller üblichen Beschreibungen von Hochbegabung, ein extrem sozialer Mensch und braucht die Nähe und den Kontakt mit anderen Menschen. Um es auf den Punkt zu bringen, sie ist bestimmt in ihrer jetzigen Situation glücklicher als wenn sie großen Intellektuellen Erfolg hätte, aber keine Freunde um sich.

Ich hoffe, ich kann mit diesem Bericht meiner Erfahrungen anderen Müttern in einer ähnlichen Situation ein bisschen Mut machen, wirklich nur auf das eigene Bauchgefühl zu vertrauen und abgestimmt auf die eigene Situation zu handeln.

Ich habe Ella einmal geraten, bei schwierigen Entscheidungen auf ihr Bauchgefühl zu vertrauen, damit sich die Entscheidung gut anfühle. Denn jede Entscheidung kann sich im Nachhinein als die falsche entpuppen, aber bei einer Bauchentscheidung hatte man wenigstens ein gutes Gefühl dabei!

Also habe ich, haben wir alles richtig gemacht? Ich glaube ja. Meine Tochter, um die es ja geht, ist glücklich und somit bin ich es auch.

Zum Schluss ein Zitat meiner Tochter, das ihre Hochbegabung noch einmal überdeutlich hervorhebt:

Sie sollte für den IJSO Wettbewerb (Internationale Junior Science Olympiade) üben und ich fragte sie „Okay, was antwortest du denn, wenn du zum Beispiel nach einem berühmten Satz aus der Optik gefragt wirst?"

„Brille – Fielmann!"

ENDE